Lilly An Parker, Katinka Uhlenbrock

Verführerische Strafen

69 schmerzhafte Lektionen der Lust

– eine Einführung in erotische SM- und BDSM-Spiele –

Sachbuch

Die Sachbuchserie »69 Lektionen der Lust« behandelt verschiedene Aspekte der Erotik und nimmt den Leser an die Hand, um unter Anleitung und mit Humor in die Welt der Sinnlichkeit abzutauchen – wir wollen nicht belehren, sondern informieren und den letzten Funke entzünden, der vielleicht noch nötig ist, um selbst aktiv zu werden.

Sex und alles, was dazu gehört, ist schließlich viel zu schön, um wie ein Geheimnis gehütet zu werden … oder?

Deswegen folgt uns in die aufregende Welt der Verführung, der Leidenschaft und des Vertrauens. Lasst euch fallen und verzaubern, denn wir wollen euch eine Welt zeigen, in der fast alles möglich ist … spielerisch, leicht und erregend …

Lilly An Parker, Katinka Uhlenbrock

VERFÜHRERISCHE STRAFEN

69 schmerzhafte Lektionen der Lust

– eine Einführung in erotische SM- und BDSM-Spiele –

Sachbuch

ELYSION

www.Elysion-Books.com

Verführerische Strafen
69 schmerzhafte Lektionen der Lust

– eine Einführung in erotische SM- und BDSM-Spiele –

Sachbuch

ELYSION-BOOKS

1. Auflage: Mai 2020
VOLLSTÄNDIGE AUSGABE
ORIGINALAUSGABE

UMSCHLAGGESTALTUNG: Inka Gabriela Schmidt
FOTO: © Adobe Stock/Klein_Razoomanetu

LAYOUT &WERKSATZ: Hanspeter Ludwig
www.imaginary-world.de
ISBN (vollständiges Buch) 978-3-96000-110-2
www.Elysion-Books.com

Inhalt

Vorwort

Oh nein, werden jetzt sicher einige denken. Nicht noch ein Buch über BDSM oder gar über »SM-Strafen«. Da gibt es doch schon so einiges auf dem Markt. Alles schon gesehen, alles schon gelesen und/oder ausprobiert. Vielleicht sogar in so gut, dass man auf gar keinen Fall eine Wiederholung möchte oder Konkurrenz.

Ja, auch ich persönlich finde, dass es in letzter Zeit einiges zu diesem Thema auf dem Markt gibt und der Trend dazu geht, weitere Geschichten, Romane, Sachbücher oder Magazine zu entwerfen. Und das finde ich persönlich sogar sehr gut!

Lange Zeit fristete BDSM, egal ob als Roman oder als Sachbuch, eine Art Schattendasein, wurde geduldet, aber mehr auch nicht. Selbst heute in der After-Shades-of-Grey-Zeit wird echter BDSM immer noch misstrauisch beäugt. Oder eben falsch wahrgenommen. Ein bisschen ans Bett ketten, den Po versohlen oder die Liebste per Handy überwachen, sie überrumpeln und sie anschließend mit einem Auto verwöhnen (oder als Otto-Normal-Mensch vielleicht mit einer Danke-Schokotafel), scheint immer noch zumindest für viele Leser das gängige Vorurteil zu sein.

So ist es auch nicht weiter verwunderlich, wenn Leute sich ob ihrer Neigung zu »S« oder »M« über sich selbst wundern oder gar verschämt leugnen, was sie spüren oder ersehnen. Zugegebenermaßen hat das Internet da einiges erleichtert und es ist auch deutlich einfacher an Informationen zu kommen. Trotzdem ist der Hang sich zu rechtfertigen, immer latent vorhanden. Wenn man gestehen muss, dass man auf Dominanz steht, wenn man zugibt, devot zu sein. Aber auch, wenn es darum geht, dass man beides mag und ein sogenannter »Switcher« ist.

(Für alle, die sich jetzt z. B. über diesen Begriff wundern und »Switch« für den richtigen halten; ich werde diesen und auch einige andere Begriffe verwenden, die vielleicht einem »Insider-Publikum« anders bekannt sind. Aber dieses Buch richtet sich auch und insbesondere an Anfänger und neugierigen Menschen, die aktiv nach neuen Spielen suchen. Und diese orientieren sich häufig an den gängigen Begriffen, die außerhalb der BDSM-»Gemeinde« genutzt werden. Wer sich also an einem Begriff oder einer Bezeichnung anstößt, dem sei hiermit ausdrücklich geraten, sich einen Stift zu nehmen und ihn für sich privat im Buch zu korrigieren.)

Alles Liebe, Lilly An Parker

1. Einleitung

Während Lilly unsere Begrifflichkeiten erklärt hat, möchte ich einmal dazu kommen, was dieses Buch von anderen Texten abhebt, die es auf dem Markt gibt: Zum einen schreiben hier zwei Frauen – nicht nur für Frauen.

Ausdrücklich richtet sich dieses Buch auch nicht nur an Dominante, Devote oder Switcher – sondern auch an BDSM-Interessierte, die Spielideen jenseits des Shades-Of-Grey-Mainstreams suchen, ästhetische Formen der Erotik ausprobieren wollen oder einfach ihren Vanilla-Horizont (böse Wortspielkarte!) erweitern möchten.

Bewusst haben wir uns für eine Gliederung entschieden, die mit »Einsteigerstrafen« beginnt und dann über »Weiterführendes«, »Spiele für Fortgeschrittenere« bis hin zu »Ungewöhnlicherem« alles enthält, was sowohl für Einsteiger als auch für schwerpunktmäßige BDSM-Beziehungen interessant und nutzbar ist.

Neben Strafen oder Spielen mit Machtgefälle haben wir auch ästhetische Ideen aufgelistet, virtuelle Aufgaben und Vorschläge, die sich auf Schmerzen beziehen, genauso wie (abgesprochene!) Unterwerfungsrituale und Demütigungen (mit Einverständnis!).

Da dies eine recht weite Palette an allem ist, was das Herz begehrt oder begehren kann, haben wir bei vielen Strafen oder »Spielstrafen« Varianten ergänzt. Denn natürlich kann man unsere Strafen an das eigene Empfinden anpassen, härter gestalten oder eine leichtere Alternative wählen.

Genauso bieten sich zahlreiche Strafen dazu an, sie kreativ aufzupeppen oder nach Draußen (»Outdoor«) zu tragen, zu kombinieren oder andere Menschen (Stichwort: »Fremde Haut«) miteinzubeziehen.

Neben den Varianten haben wir selbstverständlich auch noch Tipps und ggf. auch Utensilien oder Risiken dazugepackt. Dazu mit den Kapiteln »Einleitung« und »Beginn« Wissenswertes für Einsteiger und Vanillas.

Wenn man also einmal ganz ehrlich ist, bieten wir zwar 69 Grundideen in diesem Buch an, kommen aber de facto auf mindestens das Dreifache.

Aber 69 im Titel verkauft sich einfach besser – sagt der Verlag :-)

In diesem Kapitel bekommt ihr also einen kurzen Überblick über sexuelle Spielarten, Einsichten ins Rechtliche, Einblick in BDSM und eine Kurzübersicht der Strafarten. Im nächsten kommen wir dann zum eigentlichen Beginnen, zu Spielpartnern, Sicherheitsmaßnahmen, Vorlieben und Neigungen, bevor es an die 69 Punkte geht.

Bereits Eingeweihte können die weitere »Einleitung« und den »Beginn« natürlich überspringen und sich ganz dem Oberthema der Wahl hingeben.

Und nun wünsche ich allen Lesern viel Spaß bei diesem Buch, lasst euch inspirieren oder probiert gleich eure Lieblingsvarianten aus!

Eure Katinka Uhlenbrock

1.1 Was ist dieses Buch und was ist es nicht?

Wie schon zuvor geschrieben, wollen wir hier keine konkrete Anleitung geben und wir erheben weder allgemeingültige Ansprüche noch eine objektive Einstufung. Wir gehen rein subjektiv vor, weil nun einmal jeder Mensch einmalig ist. Was der eine für einfach erachtet, kann für den nächsten schon wieder mit Überwindung verbunden sein.

Aus diesem Grund lassen wir Kategorien wie »gemein«, »demütigend« oder »unangenehm« weg und beschränken uns nur auf den Schwierigkeitsgrad; hauptsächlich, um eine grobe Unterteilung vornehmen zu können: Wir steigern uns also mit jeder Seite des Buches ein wenig mehr :-)

Rollenspiele, also Spiele,in denen man in eine andere Rolle schlüpft, werdet ihr hier nicht finden. Für Ideen und Anregungen zu diesem Thema empfehlen wir das Buch »Rollenspiele – 69 sinnliche Fantasien und erotische Maskeraden«. Wir beschränken uns auf SM-Strafen.

Und da nicht jeder unserer 69 Punkte als Strafe gemeint ist oder verstanden wird, beschränken wir uns im Folgenden darauf, von Aufgaben zu sprechen.

Unsere Aufgaben sind – wie erwähnt – keine reine Anleitung. Wir wollen einen Anreiz bieten und die Fantasie anregen. Deswegen haben wir unsere Aufgaben zu einem großen Teil mit Tipps und Tricks und Varianten garniert.

Bitte beachtet, dass ihr euch im einvernehmlichen Bereich bewegt und die Aufgaben mit einer guten Portion gesunden Menschenverstand ausführt. Belästigt keine zufälligen Passanten oder unwillige Mitmenschen und orientiert euch an unseren Sicherheitstipps. Denn tatsächlich benötigt man für einige der Aufgaben sogar Fachwissen (Bondage) oder sogar eine abgeschlossene Ausbildung in dem Bereich (explizit bei Eingriffe in den Körper, z. B. Nadeln).

Habt ihr das nicht, lasst euch bitte von jemandem helfen, der es kann!

Und jetzt einmal für alle und ganz wichtig: Weder wir noch der Verlag haftet für Schäden, die euch oder anderen durch die Durchführung der Aufgaben oder die Anregung durch dieses Buch entstehen.

1.2 Was ist BDSM und wie gehört das in dieses Buch?

BDSM ist die gebräuchlichste Bezeichnung für verschiedene, einander artverwandte Vorlieben bezüglich sexueller Praktiken. Weniger präzise, aber durchaus gebräuchlich ist auch die Bezeichnung SM, Sado-Maso oder Sadomasochismus. Angelehnt an Kleidungsvorlieben der Szene spricht man auch von Ledersex oder Kinky Sex. Wobei manche Kleidungsstücke auch in der Gothicszene gebräuchlich sind.

Der Begriff BDSM setzt sich aus den Anfangsbuchstaben der englischen Bezeichnungen Bondage, Discipline, Sadism, Masochism zusammen, oder auch Bondage, D/s (Dominance & submission), Masochism. Darunter versteht man eine Gruppe von Verhaltensweisen, die einen besonderen erotischen Kick auslösen.

Bondage (Fesselung)

Mit Bondage werden alle Praktiken beschrieben, bei denen der Bottom gefesselt wird. Dabei finden meistens Seile oder Handschellen Verwendung, aber auch Schals, Lederriemen, Klebeband oder andere Hilfsmittel. Auch das Spreizen der Gliedmaßen und der freie Zugriff auf sämtliche Körperteile kann durch Bondage erreicht werden. Das fantasievolle Spektrum reicht vom Fesseln auf ein Bett, in einen Türrahmen, an ein Andreaskreuz bis hin zu einer frei schwebenden Hängefesselung. Bondage kann sogar genussvoll zum Kunstwerk stilisiert werden.

Für den Bottom liegt der Lustgewinn in der Regel in dem Gefühl der völligen Hilflosigkeit. Er suhlt sich in der Vorstellung, sich seinem Partner wehrlos ausgeliefert zu haben. Umgekehrt erfreut sich der Top an den vergeblichen Befreiungsversuchen, möglicherweise begleitet von Jammern und Flehen, und damit auch an seiner scheinbaren Macht über den gefesselten Bottom.

Der ausführende Partner benötigt umfangreiche Kenntnisse über das Anwenden der Fesseln, um dieses Spiel zum einen für den Partner lustvoll zu gestalten, und zum anderen, um gesundheitliche Gefährdung des Gefesselten zu vermeiden. So dürfen etwa Seile nicht zu eng anliegen oder einschnüren, oder die Unbeweglichkeit nicht zu lange andauern. Die Bondagesitzung muss sofort beendet werden, wenn der Bottom sich unwohl fühlt oder über einschlafende Gliedmaßen klagt.

Discipline (Disziplin)

Bei Discipline handelt es sich vorrangig um sogenannte Erziehungsspiele. Der Top gibt die Regeln für das Verhalten vor und kontrolliert, ob diese vom Bottom befolgt werden. Diese Regeln können nur für das aktuelle Spiel gültig sein, im Sinne von 24/7 aber auch Einfluss auf den Alltag nehmen. Eine nicht befolgte Regel dient als Anlass für Bestrafung. Dabei werden wiederum die zuvor abgesprochenen Grenzen für Regeln und Strafen beachtet. Selbstverständlich können Regeln wieder aufgehoben oder verändert werden, wenn einer der Partner sie als nicht mehr passend empfindet.

Die Bestrafung besteht bei Discipline meistens in der Züchtigung des Bottoms durch Schläge mit der Hand oder mit diversen Züchtigungsinstrumenten bis hin zur Kennzeichnung mit Striemen. Der gezüchtigte passive Partner empfindet infolge der Schmerzen größte Lust. Die Intensität der Schläge kann je nach Züchtigungsmittel, Ausübung und Dauer stark variieren. Auch hierbei sind Kenntnisse zur Sicherung der Gesundheit notwendig, damit nur Körperstellen geschlagen werden, die nicht geschädigt werden können. Dazu später mehr bei den Schlaginstrumenten.

Sadism (Sadismus) und Masochism (Masochismus)

Auch mit Sadomasochismus wird die eher physisch ausgerichtete Seite von BDSM bezeichnet, im Wesentlichen das Zufügen beziehungsweise gewollte Erdulden von Schmerzen. Im Gegensatz zu Discipline spielen Schläge bei Sadomasochisten jedoch meistens eine eher untergeordnete Rolle. Es gibt stattdessen eine Vielzahl anderer Praktiken, um Schmerzen zu erzeugen wie Kneifen, Zwicken, Kitzeln oder Wachsspiele.

S/M-Spiele werden oftmals in Kombination mit anderen Praktiken ausgeübt wie Fesselungen oder Machtausübung, selten allein. Eine klare Abgrenzung ist in realen Spielen eher schwer, die Übergänge fließend.

Bei dieser Art Spiele zieht der aktive Part seinen Lustgewinn entweder aus dem Zufügen von Schmerzen oder über die körperlichen und verbalen Reaktionen des Bottoms. Dabei kann sich dieser wiederum auf seine Empfindungen konzentrieren, zu denen auch sexuelle Erregung gehören kann.

SSC (Safe, Sane and Consensual)

Eine der wichtigsten Regeln des BDSM bei allen diesen Aktivitäten: niemand wird tatsächlich zu etwas gezwungen, das er nicht möchte. Auch Betteln und Flehen während eines Rollenspiels und die Entscheidung des Tops, nachzugeben oder nicht, sind letztlich Bestandteil einer abgesprochenen Szene in beiderseitigem Einverständnis. Diese für die physische und psychische Gesundheit notwendige Einvernehmlichkeit wird mit der Bezeichnung »SSC« zusammengefasst. Die Abkürzung steht für »Safe, Sane and Consensual«, was frei übersetzt so viel bedeutet wie »sicher, dem gesunden Menschenverstand entsprechend und einvernehmlich«.

Andere Begriffe dafür sind auch »Risk aware consensual Kink«(RACK) oder »Balls Out Risky Kink« (BORK).

D/s (Dominance and Submission) und 24/7

Die Abkürzung D/s steht für die eher psychisch als physisch ausgerichtete Komponente des BDSM. Im Vordergrund steht das Machtgefälle zwischen den Spielpartnern, mit dominanter Herrschaft auf der einen Seite, Unterwerfung und Unterordnung auf der anderen Seite. Wo die Grenzen für Herrschaft und Unterwerfung liegen, definieren die Partner gemeinsam. Manche Tops stellen dem Partner nur kleine Aufgaben, andere nehmen ihn sprichwörtlich an die Leine.

Die beiden Rollen werden bewusst angestrebt und ausgelebt. Zu diesen psychisch orientierten Praktiken gehört auch wiederum die Kategorie der Erziehungsspiele, bei denen der dominante Partner dem devoten bestimmte Verhaltensweisen vorgibt.

Eine spezielle Variante sind erotische Themenrollenspiele wie das Ageplay – dabei wird im Spiel ein starker Altersunterschied angenommen – oder das Petplay – bei dem der Bottom die Rolle eines Tieres übernimmt, sowie die Konstellation von Herrschaft und Sklaventum. Letztere kann für die Dauer einer Session umgesetzt werden, oder auch in den Alltag übernommen werden. Man spricht dann von 24/7 – 24 Stunden am Tag, 7 Tage in der Woche. Beide Partner gehen durchaus einem normalen Alltag nach. Es geht vor allem darum, sich durch kleine Gesten oder Regeln des Machtgefälles bewusst zu sein. Eine weit verbreitete Sitte ist beispielsweise das ständige Tragen eines Halsbandes durch den Bottom, um die Verbundenheit und die Unterwerfung unter den Dom auch in dessen Abwesenheit zu empfinden beziehungsweise nach außen darzustellen.

Nebenbei bemerkt ist BDSM keine Erfindung der Neuzeit. Bereits einige der ältesten Keilschrifttafeln der Welt belegen Rituale, die zu Ehren der Göttin Ištar durchgeführt wurden. Beschrieben werden diese Rituale mit Schmerz und Ekstase, Strafen, Stöhnen … ganz im Sinne von BDSM.

Bereits aus dem 9. Jahrhundert v. Chr. sind griechische Schriften über Flagellation überliefert. Ende des 6. Jahrhunderts v. Chr.

wurde in einem etruskischen Grab in Tarquinia eine sexuelle Züchtigung dargestellt. Auch im Kamasutra sind Schlagspiele überliefert und wird darauf hingewiesen, dass diese beim Geschlechtsverkehr nur in gegenseitiger Übereinkunft stattfinden dürfen, da sie nicht von jedem Partner als lustvoll empfunden werden.

Spätestens seit dem 18. Jahrhundert wird das Thema sexueller Züchtigung auch im deutschsprachigen Raum thematisiert und erlebt einen Aufschwung in den 1980er Jahren.

Obwohl Marquis de Sade und Leopold von Sacher-Masoch eng mit den Begriffen Sadismus und Masochismus verbunden sind, distanziert sich die Szene heute von de Sade, da dessen Biographie und Verhaltensweisen mit dem Verständnis der Freiwilligkeit nicht in Übereinstimmung stehen. Ähnlich verhält es sich in SM-Romanen der Gegenwartsliteratur, bei denen die Realitätsnähe mitunter zu Gunsten von Spannung und Unterhaltungswert in den Hintergrund treten.

1.3 Rechtliches

Wie ein guter Freund aus der BDSM-Szene einmal so schön treffend formulierte: »Rechtlich ist man immer auf der unsicheren Seite«.

Alle Anwesenden haben herzlich gelacht und ich empfinde die Aussage auch heute noch als sehr passend. Was für die Swinger der (meist gehasste, aber zutreffende) Slogan »Alles kann, nichts muss« ist, ist für den BDSMer eben oben genannter Punkt.

Deswegen sei hier einmal explizit erwähnt, dass wir keine Rechtsgelehrten sind und man mit juristischer Beratung im Zweifelsfall besser beraten ist. Aber einen kurzen, knackigen Überblick wollen wir doch geben: Generell hängt es vom jeweiligen Land ab, ob und welche Praktiken aus dem BDSM eine Straftat sein können.

Auch in Ländern, in denen einvernehmliche BDSM-Praktiken okay sind, können einzelne Praktiken trotzdem strafbar sein. Dazu zählen:

- Nötigung (§240 Strafgesetzbuch)
- Sexuelle Nötigung (§177 StGB)
- Sexueller Missbrauch (§179 StGB)
- Beleidigung (§185 StGB)
- Freiheitsberaubung (§239 StGB)
- alles rund um Körperverletzung, also auch die schwere und gefährliche Körperverletzung (StGB 223-226)
- Sittenwidriges (§216 und 228 StGB)
- Auch können Darstellungen aus dem BDSM, sofern sie auch als pornografisch einzuordnen sind, einen Straftatbestand darstellen.

Man handelt also stets in einem sehr diffusen Graubereich zwischen »erlaubt«, »toleriert« und »juristisch relevant«. Wie also kann man sich hier absichern?

Viele Leute glauben, ein Sklavenvertrag sei hier das »A und O«, aber dazu kommen wir in einem gesonderten Punkt. Vorab sei gesagt, dass BDSM-Praktiken strafbar sind, wenn eine Einwilligung des Teilnehmers zum Zeitpunkt der Durchführung der entsprechenden sadomasochistischen Handlung nicht vorlag. Diese muss nicht schriftlich erfolgen, sondern kann sich auch aus dem Gewohnheitsrecht ergeben.

Was bedeutet das im Klartext?

Es bedeutet, sobald eine schriftliche, rechtfertigende Einwilligung vorliegt, die diese Handlung zu diesem Zeitpunkt abdeckt und sie nicht gegen StGB 216 und §228 verstößt, die Handlung nicht strafbar ist.

Es ist also generell vernünftig, vorher eine Einwilligung einzuholen und als Beweis dafür, dass sie zu diesem Zeitpunkt nicht widerrufen wurde, sie zum Zeitpunkt des Spielstarts zu wiederholen – und ein Safeword einzubauen (Was allerdings selbstverständlich sein sollte.).

Auch gibt es neue Urteile, in denen gewohnheitsrechtlich ausgeübte sadomasochistische Handlungen nicht mehr als strafbar gelten.

Die Ausnahme hierzu ist die Sittenwidrigkeit und die gefährliche Körperverletzung, sofern sie die körperliche Unversehrtheit des Betroffenen gefährdet oder gar lebensgefährlich ist. Selbst wenn hier die Einwilligung des devoten Parts vorliegt, lässt sich das Gesetz hier auf keine Diskussion ein. Das Leben ist ein unverfügbares Rechtsgut, ebenso die körperliche Unversehrtheit. Niemand kann auf sein Lebensrecht verzichten oder die Tötung an sich selbst rechtmäßig machen. Bei der körperlichen Unversehrtheit kann man bis zu einem gewissen Grad (bis zur Sittenwidrigkeit) eine Einwilligung in eine Körperverletzung geben.

Und um den Rest einmal aufzuschlüsseln:

- Nötigung und sexuelle Nötigung – Da die Handlung durch ein »Safeword« abgebrochen werden kann, sind beide Straftatbestände hier nicht gegeben.
- Sexueller Missbrauch und Freiheitsberaubung – Da auch hier die Handlung durch ein »Safeword« abgebrochen werden kann und sofern beim sexuellen Missbrauch der Widerstandsunfähigen Person die Möglichkeit des Gebrauchs des Sicherheitswortes gegeben ist (ggf. bei verbundenem Mund auch durch eine Geste), liegt auch hier kein Strafbestand vor.
- Beleidigung – kann nur auf Wunsch des Beleidigten strafrechtlich verfolgt werden. Sollte hier aber eine Einwilligung bzw. ein Gewohnheitsrecht vorliegen, muss genau geprüft werden, ob die Beleidigung im Rahmen der Einwilligung oder des Rechts gefallen ist.
- Körperverletzung – ist Abhängig vom Einzelfall und vom Grad der Verletzung. Ist hier die Grenze zur Sittenwidrigkeit überschritten, droht Anklage.

An dieser Stelle, und bevor wir uns Sklavenverträge genauer ansehen, möchte ich darauf hinweisen, dass unser kurzer Einstieg in die Rechtsgrundlagen ausschließlich für Deutschland gelten.

In anderen Ländern sieht es oft ganz anders aus.

Ein Sklavenvertrag

Es ranken sich viele Mythen und Legenden um den sogenannten »Sklavenvertrag«. Natürlich ist die echte Sklaverei längst abgeschafft und niemand kann sich oder einen anderen per Vertrag wirklich dazu zwingen ein Sklave zu sein.

Schließlich ist Sklaverei etwas, wodurch ein Mensch vorübergehend oder lebenslang als Eigentum eines anderen behandelt wird. Das Erwerben, Verkaufen, Mieten, Verschenken und Vererben ist damals im Rahmen der Sklaverei Gang und Gebe gewesen. Heute zählt Sklaverei zur Freiheitsberaubung und Nötigung.

Um also ehrlich zu sein, sind die meisten Sklavenverträge aufgrund von Aufbau oder Inhalt schlichtweg nicht rechtsgültig und verstoßen gegen die guten Sitten.

Verstößt man mit dem Vertrag also gegen geltendes Recht, kann man trotzdem juristisch belangt werden. Oder um es noch deutlicher zu sagen: Das Gesetz kann nicht überlagert werden!

Warum macht man Sklavenverträge denn dann überhaupt?

Es ist sehr anregend, schwarz auf weiß zu haben, zu was Bottom zustimmt und was alles für Top gemacht wird oder gemacht werden würde. Schon beim Fixieren des Verhaltenskodexes wird Bottom also entweder gedemütigt (Zustimmung zu Strafen oder zu nicht ganz so angenehmen Aufgaben) oder verspürt – ebenso wie Top – eine angenehme Aufregung oder wird durch die schriftliche Fixierung von Fantasien auch angeregt. Auch später kann der Vertrag an geeigneter Stelle verlesen werden oder dazu genutzt werden, Bottom an seinen Platz zu erinnen.

Ebenso ist ein Aufhängen an einem schönen Platz, zum Beispiel über dem Schlafplatz, hier denkbar.

Desweiteren regelt solch ein Vertrag die Beziehung zueinander und ist – im Rahmen der partnerschaftlichen Abstimmung – für beide Seiten gültig.

Bei Bekanntschaften, die sich noch nicht so lange und gut kennen, kann ein Vertrag im Notfall zumindest Beweisen, dass Bottom zum Zeitpunkt der Unterschrift das Einverständnis in bestimmte Praktiken gegeben hatte.

Was also ist ein Sklavenvertrag denn überhaupt?

Ein Sklavenvertrag ist eine Willenserklärung die entweder für einen bestimmten Zeitraum gültig ist oder solange, bis der Vertrag aufgelöst wird. In ihm werden Teile oder das gesamte Zusammenleben zisschen Bottom und Top geregelt. Abmachungen, Regel und Pflichten werden hier schriftlich fixiert. Das kann natürlich bei jedem Paar etwas anderes sein.

Zahlreiche Standardverträge oder Mustervorlagen kann man kostenfrei im Internet finden – und sie dann auf das eigene Leben und die eigenen Bedürfnisse und Gelüste anpassen.

Es gibt zwei Arten von Sklavenverträgen:

- Beidseitige: Hier vereinbaren beide Seiten Regeln, Geltungsdauer und Rahmenbedingungen für den Vertrag. Rechte und Pflichten werden zusammen definiert.
- Einseitige: Hier entscheidet Top. Meist ist der Hauptpunkt, dass sich Bottom komplett übereignet. Etwas, was weitgehend der urspürnglichen Sklaverei entspricht.

Generell kann man sagen, dass eine exakte Formulierung im Vertrag sehr wichtig ist. Wenn ihr also wollt, dass Bottom Röcke trägt, solltet ihr genau abgrenzen, welche das sein sollen: Enge, weite, lange, kurze. Selbst die Farbe könnte für euch und eure Fantasie eine Rolle spielen.

Wenn Bottom bei eurer Ankunft nackt zu Hause warten soll,

solltet ihr berücksichtigen, dass ab und zu auch die Verwandtschaft da ist oder Arbeitskollegen. Also entweder schreibt ihr im Vertrag schon Ausnahmen rein, oder formuliert »ohne Ausnahme«.

Eine genaue Formulierung schützt euch vor Überraschungen und sorgt dafür, dass ihr euch wirklich mit den Regeln und den Ideen, die dazugehören, auseinandersetzt. Ihr stellt euch das berühmte »was wäre wenn …« vor und geht – am besten gemeinsam – die Gedankengänge dazu durch.

Natürlich sagt man immer so schön, dass der weltbeste Sklavenvertrag die Gegenseitigkeit ist, genauso leben und lieben zu wollen. Der weltbeste Sklavenvertrag bedarf also (angeblich) keiner Schriftform. Aber die Fixierung und die schriftlichen Abmachungen der wechselseitigen Aufgaben und Pflichten machen es leichter. Leichter sich zu erinnern und Regeln zu ritualisieren.

Die Initiative hierzu geht häufig vom devoten Partner aus, für den das Verfassen und Unterschreiben des Vertrags – das oft als eine Art Zeremonie erfolgt – eine psychische Bindung an den dominanten Partner darstellt. Hier dokumentiert Bottom also die Einvernehmlichkeit der Handlungen, die andernfalls nachträglich als Freiheitsberaubung oder Gewalttätigkeit interpretiert werden können.

Was gehört in den Sklavenvertrag?

- Die Namen, Spitznamen oder Pseudonyme der zwei Vertragspartner; Wie man im weiteren Verlauf genannt werden möchte
- dieVertragsart und Dauer
- Kündigungs- und Rücktrittsrecht; Vertragsverlängerung
- Safeword und Abbruchmöglichkeit eines Spiels oder des ganzen Vertrags
- Verhaltsregeln für Bottom / Benimmregeln /Rituale (Vehalten gegenüber Top, Verhalten im Haus, Verhalten außer Haus, Verhalten auf Events, Sex)

- Aufgaben für Bottom (regelmäßige Körperpflege, Einläufe ...)
- Verbote für Bottom (Redeverbot, Sexverbot, Unterwäscheverbot ...)
- Strafen
- Kleidungsvorschriften
- Tabus und Grenzen die Top einzuhalten hat
- eventuelle gesundheitliche Einschränkungen die Bottom hat
- Pflichten die Top zu erledigen hat
- eventuell Ziele, die man mit dem Vertrag erreichen will

Je genauer der Vertrag ist, desto mehr hat man sich mit jedem Punkt auseinandergesetzt und desto größer ist auch die Chance, dass er eben doch im juristischen Zweifelsfall Bestand hat.

Wer hier mehr Anregung benötigt, kann gerne unter Punkt 2.6 unseren Neigungsbogen zu Rate ziehen und sich hier Aufgaben, Strafen aber auch Tabus und Grenzen heraussuchen.

Desweiteren empfehlen wir die vergnügliche Suche im Internet. Hier kann man sich die Fantasie anregen lassen und durch das Niederschreiben der Ideen seine eigenen Gedanken ordnen.

Einmal ganz deutlich:

Wir sind weder Juristen noch Rechtsgelehrte und dieses Buch und unsere Ausführungen ersetzen keine anwaltliche Beratung. Unsere rechtlichen Hinweise sind auch nur als solche zu verstehen - denn im Endeffekt gilt der anfänglich zitierte Satz.

Wir und der Verlag übernehmen also weder Haftung noch sonstwas, was aus eurem Verhalten, euren Taten oder Nicht-Taten insbesondere auf Bezug der vorliegenden Inspirationsquelle resultiert.

Wer sich ziemlich sicher sein möchte, sollte einen Rechtsanwalt hinzuziehen. Am besten einen, der sich auf Sexualstrafrecht spezialisiert hat. (Das »ziemlich« steht übrigens dort, da man von Rechtsberatern selten eine 100% sichere Aussage bekommt.)

Ferner möchten wir darauf hinweisen, dass sich Gesetze und Auslegungen auch ändern können. (Zur Zeit der Drucklegung sind wir auf dem neusten Stand, aber das heißt nicht, dass wir das auch noch einen Monat später sind ...)

1.4 Was ist eine Strafe?

Generell ist eine Strafe eine Sanktion, die aufgrund eines Regelverstoßes erfolgt. Es gibt negative Strafen und positive Strafen:

- als positve Strafe bezeichnet man den unangenehmen Reiz (Schläge), der auf einen Regelverstoß erfolgt.
- als negative Strafe bezeichnet man das Verhindern eines angenehmen Reizes (Nachtisch) als Konsequenz auf ein schlechtes Verhalten, bzw. des Regelverstoßes.

Im Prinzip kann also alles eine Strafe sein, was der Ausführende in diesem Moment nicht machen möchte – oder zumindest nicht in dieser Form.

Das kann etwas sein, was der Aufgabenerlediger gar nicht mag, etwas, was schmerzhaft ist, gegen den Willen des Bestraften erregend oder etwas, was er als demütigend empfindet.

Ihr seht, eine Strafe ist etwas individuelles und situationsabhängiges. Nur weil man etwas für gewöhnlich mag (z. B. Analverkehr), kann der Spaß trotzdem in einer bestimmten Lebenslage als Strafe aufgefasst werden.

1.5 Wozu strafen wir?

Oft erfolgt eine Strafe auf ein Vergehen von Bottom. Wenn Bottom zum Beispiel gegen bestehende Absprachen verstoßen hat, gegen einen eventuell verhandelten Sklavenvertrag oder Top das Gefühl hat, es wäre Zeit den Spielpartner an seine Stellung zu erinnern.

Es gibt Paare, die Strafen sehr ernst nehmen und solche, die es nicht tun. Genausogut gibt es welche, die Strafen generell ablehnen oder gerne anders benennen, obwohl sie im Prinzip dasselbe tun, wie die anderen.

Aus diesem Grunde möchten wir in diesem Buch auch weniger von Strafen als vielmehr von Aufgaben reden. Denn nur, weil wir etwas für eine Strafe halten, darf Bottom dabei doch trotzdem auch ein wenig (schamhafte?) Lust empfinden, oder?

(Falls nicht, ist das selbstverständlich auch in Ordnung, dann muss Top »nur« ein wenig genauer überlegen, was er oder sie im Moment erreichen will und sich wünscht, und die Aufgabenvariante nehmen, die Bottom wirklich – ganz ohne Spaß – bestraft ;-))

1.6 Welche Arten von Strafen gibt es?

Es gibt unterschiedliche Strafen, bzw. Aufgaben, die alle mehr oder weniger gut miteinander kombiniert werden können. Welche davon man selbst ausübt oder üben lässt, ist reine Geschmacksache – wir wollen hier unbedingt eine Wertung vermeiden!

Fixierungen erfüllen meist einen doppelten Zweck: Zum einen übt Top so Macht und Kontrolle aus, die Bottom natürlich freiwillig akzeptiert. Zum anderen wird sich Bottom, sobald die Fesselung geschehen ist, vollkommen in die unterwürfige Lage ergeben. Beide Partner können dann aus ihrer jeweiligen Position Lust gewinnen.

Solange keine Gesundheitsgefährdung davon ausgeht und das Vorhaben nicht den zuvor getroffenen Vereinbarungen widerspricht, kann Top diese Art der Kontrolle solange aufrecht halten, wie gewünscht. Gerade das Ausreizen der Hilflosigkeit und das ohnmächtig dem Partner Ausgeliefertsein, kann Bottom in Erregung und bis an den Rand des Orgasmus bringen. Den Orgasmus dabei auch herauszuziehen und den Bottom nicht kommen zu lassen, oder aber von einem Orgasmus zum nächsten zu treiben, bis er oder sie nicht mehr kann, gehört meist zu dieser »Strafe« dazu.

Für eine sichere und unkomplizierte Vorgehensweise empfehlen sich daher als Einstieg ein paar gepolsterte *Handschellen* oder *Handgelenksmanschetten*. Es gibt diese mit Polsterung oder in schwarzes Leder gefasst in verschiedenen Ausführungen in so gut wie jedem Erotik-Shop, aber auch Online. Überlegen Sie beim Kauf, ob Sie Handschellen mit Ketten benötigen, denn damit sind Sie flexibler und können Bottom an das Bettgestell oder ein anderes Möbelstück anketten.

Praktisch sind auch Fesseln mit Klettverschlüssen, da sie sich stufenlos jeder Größe anpassen und sich im Notfall schnell öffnen lassen. Dabei sind sie erstaunlich stabil.

Soll's etwas mehr sein? Dann greifen Sie doch zu *Fäustlingen* aus Leder oder Stoff. Am Handgelenk werden sie mit Schnallen oder Schlössern gesichert, damit der Sub sie nicht selbstständig ausziehen kann. Das Gefühl der Hilflosigkeit ist dabei noch stärker als bei Handschellen. Ähnlich verhält es sich mit *Monohandschuhen*, die sich von den Fingerspitzen bis über die Oberarme erstrecken.

Natürlich kann man auch noch absoluter fesseln, beispielsweise durch das Anlegen einer *Zwangsjacke*. Dabei steigt man sozusagen verkehrt herum mit den Armen in eine spezielle Jacke, wobei die Arme sodann vor dem Brustkorb (oder hinten auf dem Rücken) mit Gurten stramm festgebunden werden, sodass man seine Arme nicht mehr bewegen kann. Ein Zustand absoluter Hilflosigkeit, der durch ein Modell, bei dem sich zwischen den Beinen auch ein Gurt befindet, noch getoppt werden kann. Sich selbstständig aus dieser Zwangsjacke zu befreien ist unmöglich.

Andere Varianten der Fesselkleidung sind *Harnesse*, ein meistens aus Lederriemen bestehendes Geschirr, das sich über den Oberkörper zieht und ausgestattet mit eingearbeiteten Ringen verschiedene Arten der Fesselung zulässt.

Vielleicht stehen Sie aber eher auf Fesselröcke? Ein *Fessel-* oder *Humpelrock* ist so schmal geschnitten, dass er nur noch Trippelschritte erlaubt. Manche Modelle erlauben ein variables Einstellen der erlaubten Schrittgröße, indem querlaufende Riemen angebracht sind, um die Weite verstellen zu können.

Fesselschuhe verfügen über Befestigungsmöglichkeiten für Seile oder Karabinerhaken. Meistens sind an den Sohlen sogenannte D-Ringe angebracht, die zum Aufhängen des Sub über Kopf bei einer Schwebefesselung verwendet werden können.

Auch hochhackige Stiefel von Sklavinnen, die um die Knöchel abgeschlossen werden, damit sie nicht willentlich ausgezogen werden können, zählen zur Kategorie der Fesselschuhe.

Gehört Bottom zu den Menschen, die es schaffen, ohne Punkt und Komma zu reden oder endlos zu diskutieren? Dann wäre eine erzieherische Maßnahme in Sachen »Klappe halten« doch besonders reizvoll. Es gibt wunderschöne Knebel. Angefangen von ganz einfachen Ballknebeln, die zwischen die Zähne geschoben und mittels eines breiten Gummibandes und Klettverschlusses hinter dem Kopf geschlossen werden. Findige Bottoms schaffen es allerdings, diesen Knebel mit der Zunge aus dem Mund und nach unten über das Kinn weg zu schieben. Mit einem aufblasbaren Knebel verhindern Sie das. Einfach per Handdruck Luft in den Knebel pumpen und schon füllt dieser den Mundraum besser aus und Bottom hält die Klappe.

Wem das noch zu einfach oder nett ist, verwendet einen aufblasbaren Knebel, der in eine *Gesichtsmaske* eingearbeitet ist und den Kopf teilweise oder ganz umschließt, inklusive Augenmaske. Nichts hören, nichts sehen, nichts sagen – lässt sich damit problemlos umsetzen. Sehr viel hilfloser kann Bottom nicht sein.

Für extremere Knebelwünsche findet man in speziellen BDSM-Online-Shops auch Artikel wie eine *Mund-* oder *Spreizbirne*, ursprünglich ein Folterinstrument des Mittelalters. Zwei löffelförmige Schalen aus Metall sind in Birnenform aufeinandergelegt und am verjüngten Ende beweglich miteinander verbunden. Die beiden Teile können mittels eines einfachen Gewindemechanismus im Inneren auseinander gespreizt werden. Sprechen ist unmöglich, im Gegensatz zu einem Ballknebel kann aber laut geschrien werden.

Bitte nicht übertreiben beim Spreizen! Sie wollen ja Bottom nicht den Kiefer brechen oder das Kiefergelenk aushaken! Da einer solchen Spreizbirne die Elastizität eines Ballknebels fehlt, muss sowohl auf die Unversehrtheit der Zähne wie auch Bottoms Psyche geachtet werden. Es könnte sich Panik breit machen.

Im BDSM-Handel werden Spreizbirnen angeboten, die als Knebel, oder aber zur Dehnung von Anus und Vagina geeignet sind. Darunter sind auch abschließbare Exemplare, damit Bottom sich nicht selbst davon befreien kann.

Daneben gibt es besondere Formen je nach geplantem Spiel, wie beispielsweise Maulkörbe oder *Trensen*, geeignet für spezielles Petplay, dazu später mehr.

Das Pendant zum Verschließen der oberen Öffnung mit einem Knebel ist der Buttplug oder *Analplug* für Bottoms hintere Öffnung. Plugs gibt es in verschiedenen Längen und Durchmessern und aus unterschiedlichsten Materialien. Die Verwendung eines solchen Plugs stellt eine besondere Form der Demütigung dar, weil er in jeder Phase spürbar ist. Der Analmuskel möchte sich zusammenziehen und wird durch den Stöpsel spürbar daran gehindert. Darüber hinaus werden Plugs verwendet, um den Schließmuskel zu dehnen und elastischer zu machen, als Vorbereitung auf späteren Analverkehr.

Mit Reizstrom lassen sich unterschiedliche Empfindungen von leichtem Kribbeln bis zu starken Schmerzen erzeugen. Als der aktive Partner sollte man über eine gewisse Erfahrung im Umgang mit Reizstrom und Wissen über *Elektrostimulation* verfügen. So sollten Elektroden niemals in der Nähe des Herzens aufgebracht werden und für Menschen mit Herzschrittmacher sind *Stromspiele* sowieso tabu. Auch können Hautschäden entstehen, die es zu vermeiden gilt. Achtet also bitte auf die Gebrauchsanweisung des jeweiligen Herstellers! (Dass man nur echte Geräte nimmt und nichts selbstgebasteltes, sollte hier selbstverständlich sein.)

Spiele mit Kälte oder Hitze sind Elemente, die richtig Spaß machen können. Während Sie für eine Aufgabe mit Kälte gewöhnliche *Eis*würfel aus dem heimischen Gefrierfach verwenden können (über die Brustwarzen reiben, in Vagina oder Anus einführen und halten!), sollten Sie bei *Wachs* aus dem BDSM-Shop zurückgreifen. Diese Kerzen rußen nicht und vor allem wird das Wachs nicht sooo heiß, dass auf der Haut Brandblasen entstehen können.

Auch mit Kitzeln lässt sich herrlich spielen! Warum ist Kitzeln erotisch? Weil gerade viele Stellen, an denen man kitzlig ist, auch erogene Zonen sind. Zudem geht das Kitzeln mit Lachen einher, sorgt also für die Ausschüttung von Glückshormonen wie Endorphinen und Serotonin.

Beliebte Ziele sind Fußsohlen oder Achselhöhlen oder jede andere Körperstelle, an der Sub besonders kitzlig ist. Verwendet werden können neben den Fingern auch Federn, Pinsel oder Bürsten.

Flagellation ist quasi das Gegenteil von Kitzeln und umfasst alle Arten von Schlägen und des Peitschens. Hier geht es um Schmerz und um Demütigung, kann aber auch auf die Schmerzlust des devoten, masochistischen Partners abzielen. Hier können verschiedene Arten von Schlagwerkzeugen zum Zuge kommen, von Hand, Haarbürste über Lineal zu professionelleren Gegenständen wie Paddel oder Gerte. Jedes Schlagwerkzeug birgt eine unterschiedliche Schmerzoption und sollte vorsichtig eingesetzt werden. Unbedingt müsst ihr hier den Kopf (außer vielleicht bei Ohrfeigen) und die Gelenke aussparen. Außerdem solltet ihr wirklich geübt sein und wissen, was ihr tut. Probiert euch hier langsam und vorsichtig aus und testet die

Werkzeuge erst einmal an euch selbst. (Jeder, der schon einmal drei Wochen lang im Hochsommer mit einem blauen Fleck in Form einer Gerte herumgelaufen ist, weiß, was gemeint ist :-)

Bedenkt, dass Schläge unter Umständen tage- oder gar wochenlang sichtbar sein können.

Klammern kann man im Fachhandel kaufen oder man kann sich erst einmal mit Wäscheklammern begnügen. Der Nachteil von Letzterem ist, dass man sie nicht individuell einstellen kann. Dafür sind sie aber unauffällig und in jedem Haushalt in Massen zu finden.

Klemmen oder Klammern quetschen die Haut und unterbrechen ggf. die Blutzufuhr in das Gewebe. Der Schmerz ist punktuell und gleich doppelt schön, da Bottom ihn beim Anlegen aber auch beim Abnehmen des Spielzeugs empfindet, wenn das Blut wieder zurückfließt.

Gegebenenfalls können hier blaue Flecke entstehen. Achtet darauf, Klemmen nicht zu eng zu stellen oder zu lange an einem Ort zu belassen, sonst kann es zur längerfristigen Schädigung der betroffenen Hautpartie kommen.

Augenbinden sind quasi selbsterklärend. Sie verbinden die Augen, so dass Bottom »blind« wird. Er oder sie muss nun darauf vertrauen, dass Top aufpasst. Augenbinden intensivieren alle anderen Sinne, so auch das Spielerlebnis.

Rollenspiele können ebenfalls in den BDSM-Bereich fallen, abhängig von dem Spiel selbst. Es gibt sogar Menschen, die behaupten BDSM selbst sei ein Rollenspiel, ein 24/7 Spiel. Das lassen wir einmal unkommentiert und unvoreingenommen so stehen, auch wenn wir persönlich dem gerne widersprechen möchten.

Als Rollenspiele, die in Frage kommen, sind natürlich solche mit Machtgefälle besonders gut geeignet. Besonders, wenn sie mit Strafen – oder Aufgaben, die als solche fungieren können

– einhergehen. (Lehrer – Schüler, Tänzerin – Tanzlehrer, Chef – Sekretärin uvm.)

Oft ist der Übergang zu Fetischspielen fließend, da viele Leute einen echten Fetisch nicht von einer Vorliebe unterscheiden können. Besonders häufig kommen Fußfetische oder Kleidungsfetische zum Spielzug.

Auch Toilettenspiele oder -aufgaben sind beliebt, sollten aber immer eine gewisse Hygiene voraussetzen und eine blendende Gesundheit auf beiden Seiten. Dasselbe gilt für Aufgaben rund um andere Körperflüssigkeiten.

Atemkontrollaufgaben sind immer mit einem gewissen Restrisiko verbunden und sollten nur unter Einhaltung von Sicherheitsmaßnahmen ausprobiert werden. Das rasche Befreien von Bottom sollte hier immer gewährleistet sein. Ebenso wie die ständige Anwesenheit von Top. Unter diese Spielart fallen auch Würgespiele und bestimmte Kleidungsstücke und Vorrichtungen, die es Top ermöglichen, die Kontrolle über die Luftzufuhr des Spielpartners auszuüben.

Auch Klinikaufgaben sind meistens etwas für Profis. Selbstverständlich kann es sich um eine reine Untersuchung handeln und auch ein Spekulum oder ein Klistier ist nicht ganz so schwer zu bedienen. Aber auch ein Katheter oder Nadelspiele gehören zu den sogenannten »Doktorspielen« und sollten den Fachleuten überlassen bleiben.

Auch Branding, Tattoos und Piercing können in den BDSM-Bereich fallen. Da es sich hier um dauerhaft körperverändernde Maßnahmen handelt, sollte man sich allerdings wirklich gut überlegen, ob man etwas davon praktizieren möcht. Das Überlegen sollte natürlich im neutralen Rahmen geschehen und nicht auf der Spitze eines Höhepunktes.

2. Beginn

Die Lebensweisheit »Aller Anfang ist schwer«, mag für manche Leser sicherlich zutreffen, wir halten es aber lieber mit »Jede Reise beginnt mit dem ersten Schritt«. Einige werden diesen ersten Schritt bereit hinter sich gebracht haben, andere sind vielleicht unschlüssig oder benötigen Aufgaben, Strafen und Spielideen, um sich weiter voranzuwagen.

Dieses Kapitel ist besonders für die oben Genannten konzipiert und für die, die sich ihrer Sache oder den Straf- und Aufgabenvarianten noch nicht zu hundert Prozent sicher sind.

2.1 Wie fange ich an?

Dieses Buch zu lesen ist sicher schon einmal der Schritt in die richtige Richtung :-)

Aber im Prinzip ist es relativ einfach, denn wenn man sich bereits in einer Partnerschaft befindet und noch überlegt, wie man es dem geliebten Menschen beibringen soll, kann man sich immer vor Augen führen, dass man sicherlich nicht mit einem Idioten, einem Ignoraten oder jemandem zusammen ist, der die Wünsche seines Partners missachtet.

Längst hat BDSM einen großen Teil des schlechten Rufs aus

vergangenen Jahren abgeschüttelt und ist mehr in die Mitte der Gesellschaft gerückt. Allerdings gibt es immer noch einen Haufen Vorureile, die es auszuräumen gilt.

Am besten ist es also, wenn man sich selbst einmal schlau macht und aufschreibt, was man selbst will, welche Spielarten einem gefallen oder was man schon immer ausprobieren wollte. Dabei wird man sich selbst sicher auch einiger Dinge bewusst, die man vielleicht vorher in einem anderen Licht gesehen hat.

Wenn man selbst eher dominant ist, kann man vorsichtig beim erotischen Spiel in diese Richtung lenken und den anderen einfach mal mit einem Schal ans Bett fesseln oder dem Partner die Augen verbinden und dann ein wenig mit Eis oder Wachs (aus dem Fachhandel!) quälen. Dabei kann man schon eine ganz gute Vorstellung davon bekommen, was der andere mag. Als Einstieg ist sicherlich beides gut geeignet. Und hinterher kann man darüber sprechen, wie »das Opfer« seine Situation empfunden hat und ob man solche und ähnliche Spiele öfter einbauen möchte.

Als devoter Part kann man dem anderen während des Liebesspiels ins Ohr flüstern, was man gerne machen möchte. Einem »ich wünschte, ich wäre dir ausgeliefert … fessele mich ans Bett und tu mit mir, was du willst«, wird sicher in solch einer Situation niemand widerstehen können oder wollen.

Generell ist mitten beim Sex tatsächlich ein guter Einstieg, da der andere gerade erregt ist und sich leichter in die gewünschte Richtung führen lässt. Allerdings sollte das Ganze weder überfordern noch überrumpeln. Auch ein späteres »O Scheiße, was habe ich getan«, ist kein gelungener Beginn. Sanfte Einstiege hingegen können auch noch als härteres Vanilla-Play aufgefasst werden und später zu mehr führen.

Wer aber auf Nummer Sicher gehen möchte, der kann seinen Partner nach einem schönen Mahl oder einem anderweitig gelungenen Abend, wenn gerade nichts Wichtiges ansteht und beide entspannt sind, mit seinen Fantasien begeistern. Auch hier empfehlen wir nicht direkt mit der Peitsche aus der Deckung zu springen, sondern vielleicht erst einmal das Spanking zu erwähnen. Und dann wartet ihr die Reaktion ab.

Außerdem könnt ihr euch hier schon einmal eine schöne Verführung einfallen lassen. Etwas harmloses, was aber durchaus in den Rahmen unserer Aufgaben fallen kann. Also gerne einen Strip, Lapdance oder das Fesseln mit anschließendem Oralverkehr bei dem ihr euren Partner nicht kommen lasst. Stundenlang. Wetten, er oder sie ist hinterher ganz angetan von der generellen Idee von Spielen?

Es müssen ja nicht gleich alle sein oder in allen Härte- und Schwierigkeitsgraden.

Und wenn euer Schatz gar keine Lust auf Strafen oder Aufgaben hat? Dann verratet einfach nicht, dass es sich dabei um welche handelt. Viele der hier vorgestellten Ideen können in der harmlosen Variante durchaus als fantasievolles Sexspiel für alle durchgehen. Eventuell. Vielleicht. Mit genügend erotischer Ablenkung …

Ein vielleicht nicht ganz so eleganter Weg ist es übrigens einfach die Fantasie- oder Wunschliste liegenzulassen. Oder – weniger verfänglich – dieses Buch. Natürlich kann es auch jedes andere Buch zum Thema BDSM sein. Wenn ihr euch sicher sein wollt, dass der Wink funktioniert, könnt ihr auch in jedem Zimmer ein anders Buch platzieren :-)

2.2 Wie finde ich Mitspieler, Partner etc.?

Kontakte und Termine der BDSM-Szene findet man – wie sollte es heutzutage anders sein – vor allem in Internet-Communities wie Sklavenzentrale.de, dunkle-burg.de, Sadomaso-Chat.de, Strafbuch.de, joyclub.de, schattenzeilen.de oder lustschmerz.com, um nur einige zu nennen, die Geschichten aus dem wahren BDSM-

Leben, aber auch Vorankündigungen und Termine bieten. Daneben gibt es noch wenige gedruckte Szenemedien wie das BDSM-Magazin *Schlagzeilen.*

Persönliche Kontakte knüpft man am schnellsten und einfachsten auf Veranstaltungen wie SM-Partys, bei SM-Stammtischen und auf Erotikmessen. SM-Partys sind Veranstaltungen, auf denen sich BDSM-Anhänger treffen, um Erfahrungen unter Gleichgesinnten auszutauschen und auch um miteinander zu »spielen«. Neulinge sind dort willkommen und werden in die Szene eingeführt.

Auf den Partys herrscht ein mehr oder minder strikter Dress-Code vor, der zum einen die Zugehörigkeit symbolisiert, zum anderen dem Ziel dient, eine erotisierende Stimmung hervorzubringen. In der Regel handelt es sich um frivole Kleidungsstücke aus Lack, Leder oder Latex, die enganliegend die primären oder sekundären Geschlechtsmerkmale betonen oder auch gezielt freilegen. Neben Onlineshops findet man auch in vielen Städten gut sortierte Spezialgeschäfte, die von der simplen Augenmaske über hübsche Korsagen bis hin zu atemberaubenden High Heels alles bieten, was das Herz begehrt. Inklusive Anprobe und Beratung.

Wenn man sich entsprechend ausstaffiert hat, steht einer aktiven Teilnahme an einer SM-Party nichts mehr im Wege. In abgeschotteten Separees oder auf einer öffentlichen Bühne innerhalb der Party wird BDSM freizügig ausgelebt. Dabei steht nicht der Geschlechtsakt, sondern das Spiel im Mittelpunkt. Auch ein gewisser Grad an Voyeurismus und Exhibitionismus kann dabei ohne Hemmung oder soziale Ablehnung ausgelebt werden. Sehen und Gesehen werden hat seinen eigenen Reiz.

Der Vorteil solcher Veranstaltungen liegt aber vor allem in dem dortigen Vorhandensein diverser Spielgeräte wie Andreaskreuz, Käfig, Pranger oder Strafbock, da diese aus Platz- und Kostengründen in den meisten Wohnungen nicht unterkommen. Auch ein möglicher Lärmpegel darf nicht unterschätzt werden, wenn es tüchtig zur Sache geht, von lautem Stöhnen bis zu Schmerzschreien. Je nach Intensität des Spiels. Und wer will schon, dass die Nachbarn hellhörig werden?

BDSM-Partys finden heutzutage in fast jeder größeren Stadt ihren Raum.

Veranstaltet werden die Partys häufig von speziellen BDSM-Clubs, die ein mehr oder weniger regelmäßiges Programm bieten, aber auch besondere Themenabende mit passendem Dresscode. Besonders positiv zu vermerken ist, dass Clubs auf die Einhaltung der Regeln achten und damit viel für die Sicherheit des einzelnen unternehmen. Und auf jeden Fall bietet sich die Chance, Leute mit denselben Neigungen kennenzulernen und einen Spielpartner zu finden, sofern man noch keinen hat.

Natürlich kann man auch im Internet auf verschiedenen Portalen nach Partnern suchen. Das funktioniert genau wie jede andere Partnersuche auch durch ein Profil. Dazu erstellt man eine Seite über sich, mit Foto(s) und allen persönlichen Angaben von Gewicht über Größe und Vorlieben, dazu kommt ein kurzer Text und in manchen Fällen auch noch der Vorfilter, was man genau sucht. Bitte bleibt hier bei der Wahrheit! Niemand möchte sich mit jemandem treffen, der angeblich dreißig ist und fünfzig Kilo wiegt, um einen Fünfzigjährigen zu treffen, der dreihundert Kilo wiegt. Gebt eure Wünsche und Vorlieben so präzise wie möglich an und beschreibt, was ihr sucht.

Und dann könnt ihr abwarten oder euch selbst auf die Suche begeben und Leute anschreiben.

Falls euch jemand gefällt und es passt, wunderbar. Nichts wie ran ans erste Treffen!

Dieses sollte immer an einem »normalen« Ort stattfinden, am besten in einem Restaurant oder einer Kneipe, wo noch ein Haufen anderer Menschen sind. Sicherheitshalber. Zwar kann man Menschen nur vor den Kopf gucken, aber hier kann man zumindest ausloten, ob Wünsche und Neigungen wirklich zueinander passen und ob man überhaupt weitergehen möchte. Schließlich geht Sicherheit vor!

Covern:

Und wo wir schon einmal beim Thema Sicherheit sind: Sobald man sich zu einem Date für ein erstes sexuelles Spiel verabreden, sollte man auch an die eigene Sicherheit denken. Jeder, ob Frau oder Mann, ob Bottom oder Top, ob hetero oder homo kann ein Opfer von Übergriffen werden. Wie überall in unserem Leben gibt es auch in der BDSM-Welt schwarze Schafe, denen man ihre Absichten, die über ein erotisches Fairplay hinausgehen, nicht ansieht. Meistens ist es dem Opfer in einem solchen Fall nicht möglich, sich zu wehren oder die Polizei um Hilfe zu rufen.

Wird man hingegen gecovert, hat man sozusagen einen Schutzengel, der über das Treffen Bescheid weiß. Er wird sich zu einem verabredeten Zeitpunkt mit einem in Verbindung setzen und fragen, ob alles in Ordnung ist. Falls dem Cover irgendetwas verdächtig erscheint, wird er die Polizei alarmieren.

Deshalb gilt: lieber einmal zu oft und unnötig gecovert als einmal zu wenig!

Selbstverständlich sollte man sich nur von jemandem covern lassen, dem man vertraut und der zumindest grob über die eigene Neigungen Bescheid wissen darf. Vereinbart eine Uhrzeit, zu der man sich gegenseitig eine Nachricht schickt, oder das Cover anrufen soll. Zusätzlich gilt es, ein Codewort zu vereinbaren, das möglichst harmlos klingt und gut zu merken ist, etwa wie »Alles bestens« oder die Anrede mit einem falschen Namen. Sagt man bei Kontaktaufnahme dieses Codewort, weiß das Cover, dass er die Polizei vorbeischicken soll.

Schreibt VORHER alles auf, was ihr über den Treffpartner wisst: Den Namen des Dates, selbst wenn dies ein Nickname sein sollte, den Treffpunkt, die Uhrzeit, oder was ihr sonst noch wisst. Auch wenn alles ungefährlich scheint und das Cover keinen Grund zur Sorge erkennt, sollte man vereinbaren, dass der Schutzengel am nächsten Tag nochmal anruft und kontrolliert ob man auch gut heimgekommen ist.

Dennoch ist ein Cover kein Ersatz für vorsichtiges Verhalten. Niemand sollte sich einbilden, dass ihm oder ihr nichts passieren kann, weder der Dom noch der Bottom. Trifft man sich mit jemandem, den man noch nicht oder nur flüchtig kennen, hilft es daher, für die eigene Sicherheit ein paar Regeln zu beachten.

Zunächst einmal sei bitte kritisch gegenüber persönlichen Informationen wie Name, Alter, Geschlecht, Wohnort und auch Fotos. Alles kann gelogen, das Bild digital bearbeitet oder sogar eine andere Person dargestellt sein.

Gibt daher auch nicht deinen realen Namen, Wohnort, die Adresse deines Arbeitsplatzes oder andere private Daten preis. Der künftige Spielpartner könnte ein Stalker sein, der einem dann das Leben zur Hölle macht.

Es kann jedenfalls nicht schaden, erstmal zu telefonieren. Dann weiß man zumindest, ob die Stimme sympathisch ist und ob das angegebene Alter und Geschlecht zutreffen können. Benutzt dafür keinen Festnetzanschluss, sondern ein Handy (Rufnummerunterdrückung!) oder einen VoIP-Dienst wie Skype.

Soll das erste Treffen stattfinden, dann sagt frei heraus, dass ihr gecovert werden und welche Informationen an den Schutzengel weitergegeben wurden. Leute, die Böses planen, wird dies abschrecken. Ein wahrer BDSM'er hingegen wird das verstehen. Sollte der Datingpartner komisch reagieren oder euch das Covern als unnötige Maßnahme sogar ausreden wollen, so können wir von einem Treffen nur dringend abraten.

Steigt auf keinen Fall zu eurem Date ins Auto, lasst euch nicht nach Hause begleiten und achtet auf dem Heimweg darauf, dass ihr nicht verfolgt werden. Nehmt besser einen Umweg in Kauf oder fahrt Taxi, wenn ihr euch nicht sicher fühlen.

Wenn dagegen das erste Treffen gut verlaufen ist und ihr eurem Date vertraut, gilt es weitere Sicherheitsmaßnahmen einzuhalten, wenn ihr euch zum ersten Mal in einem intimeren Rahmen treffen wollen.

Lasst euch auf jeden Fall wieder covern und lasst euch nicht überreden, an einen anderen Ort zu wechseln, als vereinbart wurde. Nur wenn ihr an dem bekannten Ort bleiben, kann euer Schutzengel bei Bedarf Hilfe schicken.

Bevor gespielt wird, müsst ihr mit eurem Partner über Wünsche, Erfahrungen und Grenzen sprechen. Achten auf Verhütung und Schutz vor HIV und Geschlechtskrankheiten. Auch dies ist ein Punkt, der nicht zur Diskussion gehört!

Vereinbart ein Safeword für den Abbruch der Session. Nehmt weder Drogen noch Alkohol zu euch. Achtet auch darauf, dass euch nichts unbemerkt in euer Getränk gegeben wird (Stichwort KO-Tropfen).

Und zuletzt: Lasst euch beim ersten intimen Treffen auf nichts ein, was euch wehrlos macht wie zum Beispiel Fesseln oder Knebel.

Es ist beileibe keine Schande, sich covern zu lassen. Ganz im Gegenteil. Es beweist, dass man sich viele Gedanken über die Situation gemacht haben und euch euer Leben und die Gesundheit wichtig sind. Denkt auch daran, das GPS-Signal auf eurem Mobiltelefon zu aktivieren, falls ihr es normalerweise deaktiviert haben. Es könnte hilfreich sein. Und noch etwas: ein Cover ist ähnlich wie ein Airbag im Auto. Er kann einem möglicherweise das Leben retten, ist aber kein Ersatz für vorsichtiges Verhalten!

2.3 Safety first: Regeln und Sicherheit

Aber es gibt natürlich bei einem Spiel noch mehr zu bedenken als die Sicherheit durch ein erstes Treffen oder das eben erwähnte »covern«

Vorbereitung

Eine gründliche Vorbereitung der Session garantiert für beide Partner maximale Lust. Gleichgültig ob man zuhause mit dem

Lebenspartner spielen oder sich an einem fremden Ort mit einem Spielgefährten treffen. Man muss überdenken, was benötigt wird.

Der Ort selbst muss mit den gewünschten Utensilien vorbereitet werden. Es macht keinen Spaß, wenn man Gegenstände, die man verwenden möchten, erst suchen muss. Oder die Massagebank noch nicht aufgebaut ist, wenn es losgehen soll. Wichtig sein können auch Decken, Handtücher, Kissen, für eine gewisse Bequemlichkeit. Wasser oder andere antialkoholische Getränke müssen bereit stehen.

Gerade zur kalten Jahreszeit muss für eine angenehme Raumtemperatur gesorgt sein, damit der meistens nackte oder spärlich gekleidete Bottom nicht friert. Im Sommer sollte der Raum hingegen gut klimatisiert und gelüftet sein. Heiß wird einem beim Spielen sowieso. Ebenso sollte es angenehm riechen ohne aber mit Räucherstäbchengeruch überfrachtet zu sein.

Macht eine Liste und arbeitet diese in Ruhe ab. Das können beide zusammen tun, was die freudige Erwartung schüren kann. Oder der Top weist dies bereits als erste Aufgabe dem Bottom zu – was aber nicht aus Gründen eigener Bequemlichkeit geschehen sollte, sondern das Spiel mit einem Lob einleitet, wenn alles gelungen ist.

Zur Vorbereitung gehört natürlich auch die Absprache des Spiels, denn dies kann nach Tagesverfassung, Stimmung und körperlicher Fitness variieren. Eventuell werden auch besondere Kleidungsstücke benötigt und müssen zunächst organisiert werden, beispielsweise bei einem Doktorspiel oder wenn der Top den strengen Lehrer mimt, Bottom die ungezogene Göre.

Regeln

Die wichtigste aller Regeln kann nicht oft genug betont werden: alles, was geschieht, muss einvernehmlich sein. Redet miteinander! Was soll Wo und Wann und vor allem *Wie* stattfinden. Wenn ihr bei einem Vorschlag eures Spielpartners Unwohlsein empfinden, lasst euch nicht dazu überreden. Niemand ist feige, nur weil er bestimmte Praktiken nicht ausprobieren will. Der Wohlfühlfaktor steht im Vordergrund.

Zu den Regeln und Grenzen gehört somit, bei welchem Verhalten Bottom welche Art der Bestrafung zu erwarten hat. Wie zart oder hart darf diese sein, welche Anrede sollte Bottom gegenüber dem Top verwenden. Darf eine geplante Züchtigung mit dem Rohrstock Striemen zurücklassen oder sind diese zu vermeiden, weil Bottom am nächsten Tag einen Saunabesuch geplant hat? Ist Anal- oder Oralverkehr im Rahmen des Möglichen oder ein absolutes No-go? Darf dies unter Fesselung stattfinden, als spielerische Vergewaltigungsfantasie? Findet das Spiel zu zweit statt oder soll es ein flotter Dreier werden?

Sprecht alles an, was als Wunsch, aber auch als abtörnendes Element am Herzen liegt.

Grenzen

Grenzen sind generell durch die getroffenen Absprachen gesetzt und darüber hinaus stellt alles, was zu einer physischen oder psychischen Belastung werden kann, ein No-Go dar. Die Fürsorgepflicht liegt in diesem Fall beim Top. Selbst wenn Bottom die Meinung vertritt, er/sie könne noch mehr ertragen, der Top aber Zweifel aufgrund von Verhalten, Körpersprache oder Hautfarbe des Bottom hat, so liegt es in der Pflicht des Top, das Spiel zu beenden.

Safeword, Safesignal

Um während der gesamten Session sicherzustellen, dass das Spiel einvernehmlich bleibt und Bottom keine Dinge aufgezwungen werden, die er oder sie nicht erleiden möchte, wird in der Regel ein sogenanntes Safeword vereinbart. Mit diesem kann das Spiel jederzeit abgebrochen werden.

Nun, was genau ist ein Safeword? Das Safeword ist ein spezieller Begriff, auf den sich beide Partner vor Beginn des Spiels einigen. Dieses Wort findet während der eigentlichen Session keinerlei Verwendung, ist also für den Ernstfall reserviert. Damit ist das Safeword eindeutig und steht unmissverständlich für den sofortigen Abbruch. Das Wort sollte einfach sein, damit es in einem Anflug von Panik nicht vergessen wird, beispielsweise SOS, Mayday oder Stopp.

Lasst euch nicht emotional dazu verleiten, diesen Abbruch als Spielverletzung zu bewerten, als einen Ausdruck der Feigheit beziehungsweise in eurem Partner einen Spielverderber zu sehen. Denn das trifft auf keinen Fall zu. Der Gebrauch des Safewords kann lebenswichtig sein und ist daher ein ernstzunehmender und vollständig zu akzeptierender Wunsch, ungeachtet des Auslösers.

Gründe für den Abbruch liegen häufig im Erreichen einer Grenze wie psychischem Unwohlsein, Überforderung, aber auch in körperlichen Missempfindungen wie eingeschlafenen Gliedmaßen, Schwindelgefühl, Übelkeit oder Herzrasen, oder ganz simpel in einer vollen Blase. Wohlbefinden und Gesundheit müssen also zu jedem Zeitpunkt im Vordergrund stehen. Der dominante Partner hat die Fürsorgepflicht für seinen Bottom, wobei es auch ihm selbst aus jedweden Gründen zusteht, die Session zu beenden.

Anstelle eines Safewords ist ein *Safesignal* notwendig, wenn kein Safeword gegeben werden kann, beispielsweise aufgrund eines Knebels. Die Alternative kann ein kleiner Quietscheball sein, den Sub in der Hand hält und bei Bedarf drückt oder fallen lässt, oder ein Glöckchen oder etwas anderes. Es kann auch eine bestimmte Geste oder Haltung sein, was wiederum nur in Frage kommt, wenn Sub nicht streng gefesselt wird.

2.4 Spielbeginn und Spielende

Im Endeffekt kann man es darauf herunterbrechen, dass man

vor einem Spiel oder einer Aufgabe miteinander reden soll – offen und ehrlich. Und nach einem Spiel oder einer Aufgabe ebenfalls.

Das klingt einfach, fällt aber Paaren, die in einer BDSM-Beziehung leben manchmal genauso schwer, wie anderen Paaren auch. Aber eben nur manchmal. Denn für praktizierten BDSM ist es essentiell, dass man eben auch über Sexualität, Wünsche und Fantasien redet. Und das ist gut so!

Das man nach dem Spiel oder der Aufgabe miteinander kuschelt und sanft und zärtlich miteinander umgehen sollte, müssen wir deswegen vermutlich nicht einmal erwähnen, oder?

Absturz

Trotz aller Vorarbeit kann es zu einem sogenannten Absturz kommen. Während des Spiels aber auch danach.

Auch ein Absturz ist nichts, was der Spielpartner absichtlich macht oder gar herbeiführt, sondern eine Form der momentanen Überforderung mit der Situation oder mit dem Spiel. Etwas, was daran liegen kann, dass man im Spiel weitergegangen ist, als man wollte oder nicht in der Lage war, das Safeword zubenutzen – oder es eben in diesem Moment nicht wollte und nun erst einmal verarbeiten muss, was geschehen ist.

In einer Absturzsituation darf man seinen Spielpartner nicht allein lassen!

Einfach in den Arm nehmen und als physische und psychische Stütze da sein. In diesem Moment bitte auch noch nicht drängel und ein Gespräch aufzwingen, es sei denn, der andere möchte es bereits. Meistens jedoch hilft es, einfach tröstend zur Seite zu stehen und geduldig abzuwarten, bis der erste Schock oder Schreck vorbei ist. Danach sollte man jedoch unbedingt miteinander reden. Viel und intensiv. Schon allein um herauszufinden, was der Grund für den Absturz war – und ggf. auch was der Grund war, warum Top und Bottom nicht bemerkt haben, das eine Grenze überschritten wurde.

2.5 Spielübersicht

Lange haben wir über unserer Spielübersicht gesessen, gegrübelt und uns schließlich auf ein System geeinigt, das übersichtlich ist und in Abstufungen funktioniert. Natürlich sind diese Abstufungen fließend und mit Varianten versehen, so dass man – wenn einem eine Aufgabe gefällt – auch einen Gang zulegen oder eben rausnehmen kann.

So haben wir mit »Einsteigerstrafen« begonnen, die leicht sind, nicht allzu extrovertiert und auch im sicheren Hafen stattfinden können. Auch die weiterführenden Strafen sind noch halbwegs harmlos und werden teilweise auch gerne von Vanillas genutzt, die ab und zu ihr Liebesleben aufpeppen wollen.

Bei den »Spiele(n) für Fortgeschrittene« geht es hauptsächlich um Unterwürfigkeit und Dominanz, aber eben nicht nur. Hier sollte man die Kombination von Sex bzw. Erotik und Schmerz wirklich zu schätzen wissen ;-)

Ab Kapitel 6 wird es wirklich »Härter«, wir beschäftigen uns mit Aufgaben, bei denen man mehr als Grundwissen benötigt und sich ggf. auch von erfahreneren BDSM-Liebhabern helfen lassen sollte.

»Fremdgesteuertes« und auch »Outdoor« klingt zwar harmloser, verlegt die Aufgaben aber in eine andere Schwierigkeitsrichtung, nämlich in die, in der man erwischt werden kann, bzw. Außenstehende mit einbezogen werden. Das muss nicht einmal in das erotische Spiel selbst sein, aber als »Statisten« definitiv.

Bei den Punkten »Kreatives« und »Ästhetisches« sprechen die Überschriften für sich – und können in einer harmlosen und in einer fortgeschritteneren Variante gespielt werden. Selbstverständlich steht es jedem frei, auch diese Aufgaben Outdoor oder mit Voyeuren oder mehreren Mitspielern zu gestalten.

Auch der Punkt »Ungewöhnlicheres« darf nicht fehlen, denn ganz so ungewöhnlich sind viele der Punkte im BDSM gar nicht, obwohl sie vielleicht für einen Anfänger erst einmal seltsam anmuten. Trotzdem sollte man für dieses Kapitel schon länger dabei sein – oder sich seiner Neigung wirklich sehr sicher.

Wer hier erst einmal von Sanft bis hart ausprobieren möchte, folgt einfach unseren Punkten, alle anderen können natürlich im Inhaltsverzeichnis nach den persönlichen Vorlieben suchen – und die, die noch keine Ahnung von ihren Vorlieben, Wünschen und Fantasien haben … für die ist unser nächster Unterpunkt, der Neigungsbogen.

2.6 Neigungsbogen

	Super	Okay	Notwendiges Übel	Och ne	Auf keinen Fall
Grundstellungen					
Hausarbeit, nackt					
Hausarbeit, in Dessous					
Tanzen: Strip					
Tanzen: Lapdance					
Tanzen: Pole					
Slipfoto					
Slip ausziehen					
Slip übergeben					
Knutschflecke					
Küssen in Öffentlichkeit					
Fummeln in Öffentlichkeit					
Enthaarung					
Enthaaren lassen					
Orgasmus: Countdown					
Orgasmus: Verweigerung					
Orgasmus-Verbot					
Keuschhaltung					
Keuschheitsgürtel o.ä					
Telefonsex					
Sex via Bildtelefonie					
Erotische Befehle per Telefon					
Einkaufen mit Plug					
Einkaufen mit Dildo o.ä.					
Einkaufen mit Vibro-Ei					
Slipless in the city					
Slipless auf dem Rad					
Slipless im Auto					

	Super	Okay	Notwendiges Übel	Och ne	Auf keinen Fall
Schwanzkäfig					
Essen: Nackt kochen					
Essen: füttern					
Essen: füttern lassen					
Essen: von jemandem essen					
In Ecke sitzen					
Rollenspiele					
Essbares einführen					
Essbares einführen und essen					
Schläge: auf Po					
Schläge auf Brust					
Schläge auf Schenkel					
Schläge auf Intimzone					
Schläge ins Gesicht					
Schlagwerkzeuge: Hand					
Schlagwerkzeug: Lineal					
Schlagwerkzeug Rohrstock					
Schlagwerkzeuge: Paddel					
Schlagwerkzeuge: Gerte					
Schlagwerkzeuge: Rute					
Schlagwerkzeuge: Flogger					
Schlagwerkzeug: Peitsche					
Wartenbergrad					
Handschellen					
Nacht in Handschellen					
Andreaskreuz					
Fesseln					
Käfig					
Pranger					
Spreizjacke					
Bondagesack					

	Super	Okay	Notwendiges Übel	Och ne	Auf keinen Fall
Bondage					
Schwanzfessel					
Brustwarzenklemmen					
Klemmen an primären Geschlechtsteilen					
Zungenklemmen					
Klammern					
Eiswürfel					
Wachs					
Eis-Wachs-Wechsel					
Atemkontrolle					
Würgespiele					
Deprivation					
Tunnelspiele					
Eis einführen					
Nadel					
Haken					
Einläufe					
BrandingPiercing					
Tattoo					
Fremdgesteuert: Tagesplan					
Fremdgesteuert: Wochenplan					
Forced Orgasmus: Wicked Wand					
Reizwäsche kaufen					
HighHeels kaufen					
Peinliche Aufgaben (z.B. Kondome in Apotheke kaufen)					
Fremde Anziehsachen					
Geschlechtsuntypische Anziehsachen					
Öffentliche Aufgaben					
Verbundene Augen					

	Super	Okay	Notwendiges Übel	Och ne	Auf keinen Fall
Selbstbefriedigung im Auto					
Den anderen befriedigen im Auto					
Umkleidespiele					
Erotik im Passautomaten					
Waldspiele					
Feldspiele					
Brennnesseln					
Ameisen					
Schnecken					
Swingerclub					
SM-Club					
Erotikevents					
Mitspieler					
GangBang					
Darkroom					
Sex mit Fremden					
Sex ohne zu sehen mit wem					
Sauna					
Strand					
Badesee					
Wachsabdrücke					
Gipsabdrücke					
Lautes Lesen von Erotiktexten					
Pornodreh					
Pornofotos					
Körper beschriften					
Schriftliche Aufgaben					
Fotosession in Öffentlichkeit					
Dildofotos					
Strafen: vorher-nachher Fotos					

	Super	Okay	Notwendiges Übel	Och ne	Auf keinen Fall
Bodypainting					
Wunderkerzen					
Kerzen					
Kunstwerke nachstellen					
Akt stehen oder sitzen					
Selbst malen					
Selbst fotografieren					
Lebendige Puppe					
Kronkorken liegen					
Mit Handycap normale Aufgaben erfüllen					
Bondage					
Brüste oder Penis abbinden					
Schlagen: Schlagmuster					
PetPlay					
Katze					
Hund					
Pferd					
Schlange					
Trensen/Maulkorb					
Halsband					
Tier-ButtPlug					
Tier Schlafplatz					
Tier Napf					
Möbel: Schemel					
Möbel: Tisch					
Aschenbecher sein					
Fetische					
Füße					
Schuhe					
Lack					

	Super	Okay	Notwendiges Übel	Och ne	Auf keinen Fall
Leder					
Strümpfe					
Sex mit Füßen					
Sex mit Schuhen					
HighHeel-Fick					
Sekt am Penis					
Eis aus Vagina					
Toilette: mit Zunge säubern					
Toilette: Papier sein					
Urinspiele: jemanden anpinkeln					
Urinspiele: sich anpinkeln lassen					
Urin als Eis essen					
Spermaspiele: jemanden anspritzen					
Spermaspiele: sich anspritzen lassen					
Spermaspiele: Bukkake					
Menstruationsspiele					
Aspucken					
„Mutter"milchspiele					
Rektaluntersuchung					
Einläufe					
Fisting					
Babyspiele					
Nekrophilispiele					
Vergewaltigungsspiele					
Gefängnisspiele					

3. Einsteigeraufgaben

Zu diese Art der Aufgaben gehören entweder »gängige« Praktiken, wie beispielsweise die Grundstellungen einer Sklavin/eines Sklaven, oder relativ harmloses Dinge, für die man zwar schon über den eigenen Schatten springen muss, aber die ohne großen Aufwand und gänzlich ohne Ortswechsel erledigt werden können.

Sie sind relativ soft und werden auch häufig von Nicht-BDSMern ausprobiert um sich ein wenig verrucht zu fühlen – sind wir nicht alle ein bisschen Shades-of-Grey? – oder oder genutzt, um die eigene Neigung zu erforschen.

Die Gefahr, bei einer dieser Aufgaben in lautes Gelächter auszubrechen, ist relativ gering und wenn man ertappt wird, ist es entweder nicht weiter schlimm – oder man wird genau z. B. bei Punkt 6 von der richtigen Person erwischt.

01. Grundstellungen

Zu den Grundstellungen im BDSM kann man viele verschiedene Meinungen haben, man kann sie als artistisch einstufen oder als veraltetes Ritual. Natürlich bleibt jedem selbst überlassen, ob und wie sehr er die Grundpositionen in sein Leben einbezieht. Vorlieben variieren hier genauso wie die Wünsche in Bezug auf die Verhaltensformen. Und während der ein Top darauf besteht, dass Bottom ihn jeden Tag in Haltung 1 begrüßt, kann das nächste Paar vielleicht nur der Stellung 7 etwas abgewinnen. Doch kennen sollte man sie schon und da einige im Klassiker »Die Geschichte der O« beschrieben werden, kann man den Film als Vorgeschmack gut gemeinsam sehen. Denn ganz sicher wird jedes Paar die eine oder andere Stellung finden, die sie mögen und immer wieder benutzen.

Wir selbst finden sie auf jeden Fall schick anzusehen und wer beim Yoga ohne zu Murren mitmachen kann, wird auch in der Lage sein, sich auf dieses mentales Bondage einzulassen. Denn nichts anderes erreicht man durch die Grunstellungen: Der devote Partner wird an seine Rolle erinnert und in dieser bestärkt. Zeitgleich wird die Dominanz des Top verdeutlicht.

Durch einen einfachen Befehl wird die entsprechende Sklavenposition willig eingenommen und der Sklave ohne »echte« Fesseln in der jeweils gewünschten Haltung fixiert.

Die Ausführung der Grundstellungen kann angezogen erfolgen; aber meistens ist der Sklave – Bottom – dabei nackt. Denn nur so können Bestrafung und Belohnung oder Spiele und Aufgaben zielgenau angewandt werden.

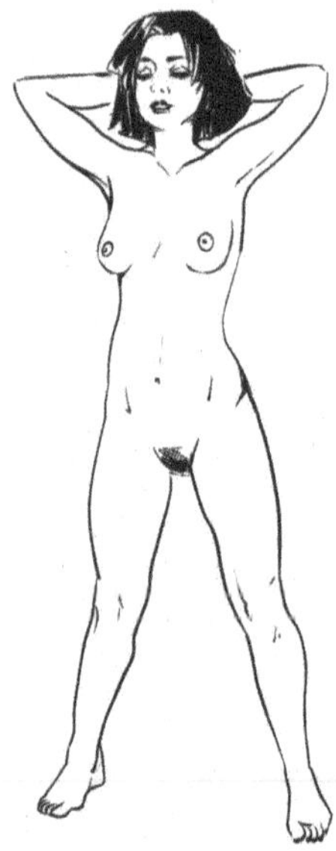

1. Steh – die stehende Grundhaltung

Bottom steht aufrecht mit leicht gespreizten Beinen, die Hände hinter dem Kopf verschränkt. Dabei sind die Finger beider Hände ineinandergeschoben, die Ellenbogen so weit wie möglich nach hinten gedrückt. Obwohl der Kopf erhoben ist, um sich vorteilhaft zu präsentieren, ist der Blick gesenkt.

So ermöglicht Bottom dem Top leichten Zugang zu allen »interessanten« Stellen: primäre und sekundäre Geschlechtsteile und Po.

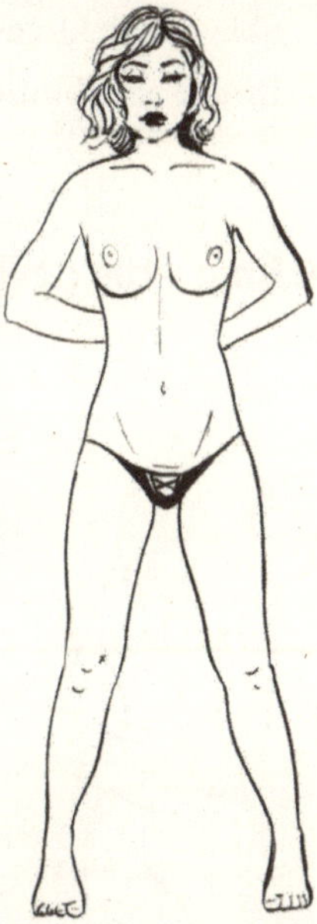

Diese Stellung eignet sich besonders, um Klammern anzulegen :-)
(Sowohl an die primären als auch an den sekundären Geschlechtsteilen – aber natürlich auch an alle anderen Teile.)

2. Steht bequem – Die Wartehaltung

Wie Punkt 2, nur sind die Hände dieses Mal nicht hinter dem Kopf, sondern hinter dem Rücken verschränkt.

Die ideale Position, um lange zu Warten :-)

3. Bück dich

Wie bei 1 und 2 steht Bottom mit leicht gespreizten Beinen. Nun bückt sich Bottom mit dem Oberkörper nach vorne.

Je nach Wahl des Top gehören die Hände von Bottom in dieser Position entweder an die Knöchel oder an die Pobacken, die ein wenig auseinandergezogen werden.

Diese Position ist prima für Analspiele, oder – wenn sich eine

Sklavin nicht ganz so sehr beugt, ca im 90 Grad Winkel – die Brüste abzubinden.

4. Knie – die devote Grundhaltung

Bottom sitzt nicht auf den Waden/Fersen, sondern nur die die Unterschenkel liegen auf dem Boden, die Oberschenkel bilden dazu einen 90 Grad Winkel.

Die Hände sind hinter dem Rücken und umfassen den jeweils anderen Unterarm.

Die Haltung ist gerade, der Kopf erhoben, der Blick gesenkt.

Achtung: Diese Haltung wird meist sehr schnell sehr unbequem und anstrengend und ist nicht für Leute zu empfehlen, die Vorschäden am Knie haben.

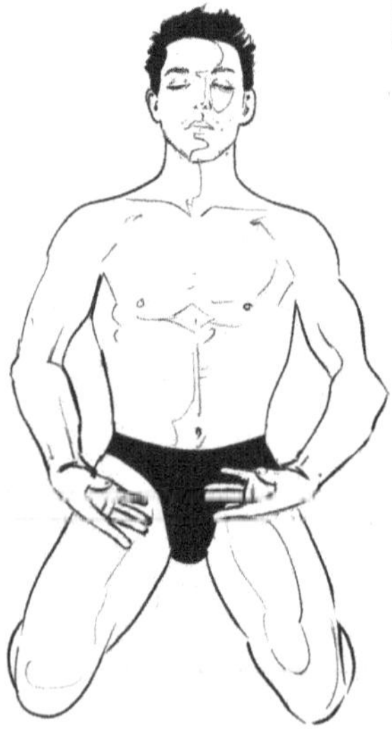

5. Sitz – die devote Wartehaltung

Bottom begibt sich in eine kniende Haltung und setzt sich dazu auf ihre Waden, bzw. die Fersen. Die Knie sind soweit geöffnet und die Füße dicht beisammen, dass diese Haltung auch über einen längeren Zeitraum gehalten werden kann. Dabei darf der Intimbereich weder ihre Beine noch den Boden berühren.

Die Hände liegen mit den Handflächen nach oben geöffnet auf den Knien.

Die Haltung ist gerade, der Kopf erhoben, der Blick gesenkt.

6. Sitz bequem

Die Grundhaltung ist wie in Punkt 5: Auch hier sind die Knie soweit wie möglich zu spreizen. Die Hände werden auf die Innenseite der Knie gelegt, die Füße bleiben trotzdem möglichst geschlossen und stehen flach auf dem Boden auf. Der Oberkörper ist aufrecht, der Kopf erhoben, der Blick gesenkt.

Bottom kann die Sitzfläche eines Stuhls nutzen. Dabei wird so weit wie möglich am Rand gesessen, damit Top ungehindert Zugriff auf die primären Geschlechtsteile hat.

7. Lieg

Bottom liegt auf dem Rücken, die Beine sind angezogen und aufgestellt, die Sohlen der Füße berühren gänzlich den Boden (oder die Matratze), die Hände umfassen die Knöchel. Die Schenkel sind dadurch weit geöffnet, ein freier Zugriff auf die primären Geschlechtsteile und den Po ist so gewährleistet.

Natürlich kann man hier auch weiterführende Positionen nehmen:

- Wie »Lieg«, nur mit den Armen über dem Kopf.

- Bottom liegt flach auf dem Rücken, Arme und Beine werden so weit wie möglich zur Seite ausgestreckt.
- Bottom kniet auf allen Vieren mit erhobenem Kopf. Dabei sind die Beine gespreizt und der Rücken ist durchgedrückt, so dass sich ein Hohlkreuz bildet.
- Wie die Idee zuvor, nur der Oberkörper liegt auf dem Boden auf, die Hände sind hinter dem Kopf verschränkt und die Ellbogen stützen den Kopf, so dass zu Boden gesehen wird. (Das Hohlkreuz ist natürlich in dieser Position nicht gegeben :-)
- Bottom kommt aus der »Sitz Haltung«, legt den Oberkörper nach vorne, so dass die Stirn den Boden berührt. Die Arme werden nach vorne genommen – über den Kopf – und liegen überkreuzt auf dem Boden auf.
- Bottom legt sich flach auf den Bauch, Amre und Beine werden vom Körper abgespreizt, das Gesicht liegt auf der Seite, so dass Top gesehen werden kann.

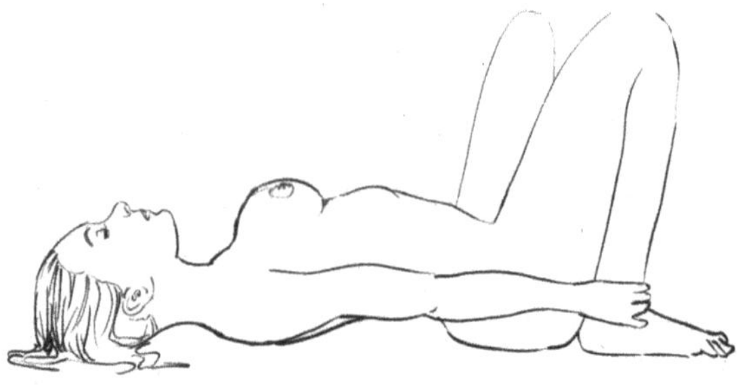

Tipp:
Der Fantasie sind hier wenig Grenzen gesetzt und tatsächlich sollte man zu Beginn einer Beziehung/eines Spiels definieren, was genau mit den einzelnen Punkten gemeint ist, da man nicht voraussetzen kann, dass jeder unter den einzelnen Befehlen dasselbe versteht. (z. B. »Sitz«, hier haben wir lange miteinander gehadert, da jeder eine andere Vorstellung von dieser Position hat.)

Varianten:
Alle Positionen kann man natürlich ästhetisch aufhübschen, indem man mit Bodypainting arbeitet oder zuvor reizvolle Schlagspuren angebracht hat.

Selbstverständlich kann man einige Aufgaben und Spiele auch in seiner persönlichen Lieblingsposition (z. B. die unter Punkt 8 oder 9 beschriebenen ästhetischen oder kreativen Aufgaben) durchführen oder einfach »nur« alle Positionen abfragen :-)

02. Hausarbeit

Wer kennt das nicht? Der Haushalt macht sich nicht von alleine. Weder das putzen, staubsaugen noch das wischen übernehmen Heinzelmännchen (oder Heinzelfrauen) für uns. Und wenn man ehrlich ist, es liegt doch immer irgendetwas an: Vom Bügelberg bis zum Fensterputz gibt es viele Möglichkeiten, mit denen uns der Alltag das Leben schwer macht.

Was läge also näher, als das ohnehin zu Erledigende positiv aufzupeppen?

Das kann mit einem hübschen Arbeitskostüm in schwarz-weiß beginnen – bei dem man eher bei Rollenspiel-Fantasien ist. Aber da dieses Aufgaben ja ohnehin mit Fleiß und Arbeitsaufwand zu tun haben, könne man sich hier darauf einigen, dass es so zumindest für einen von beiden hübsch anzusehen ist.

Aber natürlich ist auch »in Dessous« hübsch anzusehen. Und gleich entblößender – je nach gewählten Dessous. Da bleibt ja jede Menge Freiraum für die eigenen Vorlieben. Von einem hautengen Ganzkörperanzug mit entsprechenden Zugriffsmöglichkeiten über einer schicken Korsage oder einem einschnürenden Korsett ist schließlich alles erlaubt. Und was spricht eigenlich gegen einen Perlenstring mit passendem BH gepaart mit hübschen Strapsen?

Warum nicht einfach beim Bügeln nackt sein und sich in beinstreckende HighHeels begeben?

Diese Aufgabe kann anfangs ein wenig peinlich sein, weil man eben etwas »normales« nimmt, um es in ein Spiel zu verwandeln. Vielleicht sogar ein wenig ärgerlich und demütigend, aber wir sind uns sicher, dass es auch aufregend ist.

Denn Top wird sicherlich entzückt sein, dem nackten Bottom zuzusehen, wie oben auf den Schränken saubergemacht wird. Wenn sich Bottom angestrengt auf der Klapptrittleiter nach oben streckt, um wirklich jedes Staubkorn zu erwischen.

Oder auf allen Vieren auf dem Boden herumrutscht, während der Perlenstring sich tiefer zwischen die Lustlippen schiebt, oder die Haltung einen Blick auf den Anus preisgibt.

Varianten
Schwerer: Natürlich spricht auch nichts dagegen, Bottom mit einem Handycap zu belegen indem man z.B. verfügt, dass nur eine Hand zum Putzen benutzt werden darf, der Mopp nur mit den Füßen zu bedienen ist oder ein winziger Lappen zum Staubwischen dient.
Wirklich schwer: Lasst Bottom doch einfach alles auf allen Vieren

erledigen oder als Zaupe, indem es ihr nur erlaubt ist, ihre Beine hinterherzuziehen, statt sie zu benutzen.

Aufregender: Wer es ein wenig aufregender mag – oder abgelegen wohnt – kann sich natürlich auch aufreizend gekleidet oder nackt ans Fensterputzen wagen. (Aber Achtung! Wir wollen nicht, dass ihr eine Anzeige wegen Erregung öffentlichen Ärgernisses bekommt.)

03. Tänzerisches

Tanzen macht Spaß, ist leidenschaftlich, rhythmisch und anregend. Tanzen steht für Lebensfreude und Körperbewusstsein. Jemand, der tanzt, ist mit sich selbst zufrieden und transportiert seine überschwänglichen Gefühle nach Außen.

Schon in der Zeit der Harems schätzte man auch die anregende

Kraft von Tänzen und das damit verbundene Körpergefühl. Aber auch außerhalb des exotischen Frauenraumes wusste man um die verführerische Kraft von Bewegungen zur Musik. Tanzen galt als sinnlich und manche Frauen, die sich mäandernd zur Musik bewegten gar als verlockende Versuchung. (Man denke nur an Salome aus der Bibel.)

Welche Musik oder welche Tänze man hier bevorzugt ist ein anderes Thema. Aber zumindest für diese Aufgabe sollte beides zu der sinnlichen Thematik passt.

Natürlich muss es an dieser Stelle auch kein *Bauchtanz* sein, wie es im Harem oft der Fall war. Man kann auch »einfach« verlockend in aufreizender Kleidung tanzen. Gegebenenfalls garniert man diesen *Tanz* mit einer kleinen »Showeinlage« wie zum Beispiel im Film »From Dusk till Down« von Salma Hayek gezeigt.

Oder man lässt sich von Kim Basinger inspirieren und verlangt von Bottom einen kunstvoll getanzten *Strip*. Dazu ist in den meisten Fällen ein wenig Übung notwendig. Es schadet also nicht, diese Aufgabe über einen längeren Zeitraum laufen zu lassen und von Bottom tägliches Training zu verlangen, bis er oder sie wirklich versiert darin ist, sich zu bewegen und dabei zeitgleich die Kleidung auszuziehen.

Wer es noch »verruchter« haben möchte, kann auch zum *Lapdance* auffordern oder eine Polestange in die Aufgabe einbinden. Tatsächlich ist bereits der Lapdance eine Nummer schwerer, da der tanzende Partner den anderen allein durch seine Präsenz, seinen Tanz und den damit verbundenen Gewichtsverlagerungen und den Berührungen anregen soll. Wer hier ein wenig Inspiration benötigt, dem sei der Film »Death Proof« von Tarantino empfohlen.

Ein Tanz an der Polestange ist mit ziemlicher Sicherheit nicht halb so einfach, wie es aussieht. Nicht umsonst gilt *Pole Dance* als akrobatisches Fitnesstraining. Die Stangen sind teils 4,70 Meter hoch und von leicht erreichbaren Effekten mit Anfängerschritten und halbwegs einfachen Bewegungen kann man sich hier auch als trainierter Performer in ungeahnte Höhen aufschwingen.

Die Basics kann man in vielen Studios bereits innerhalb von 2-4 Stunden ausprobieren. Zu allem anderen ist tatsächlich Training angesagt. Anstrengendes Training. Und hinterher ist von dem Bauch für das Bauchtanzen nicht mehr viel übrig :-)

Variante
Öffentlich: Neben den bereits beschriebenen Varianten kann man den Tanz selbstverständlich auch öffentlich präsentieren, z. B. in einer geeigneten Disko oder einem intimen Club (Swinger oder SM).

04. Der Slip

Auch Spiele und Aufgaben rund um den Slip gehören (meistens) zu den Anfängerspielen, die jedoch immer wieder gut sind :-)

Und egal, ob Top einfach nur bestimmt, welchen Slip Bottom zu tragen hat – Oma-Schlüpfer, String, Perlen-Tanga oder einfach untenohne – es gibt unzählige Variationen, die ihr hier anstellen könnt. Je nachdem, ob Bottom beschämt werden soll (Oma-Schlüpfer) oder ob es sich um eine Gehorsamsaufgabe handelt, stehen Top viele Möglichkeiten zur Verfügung:

- Unterwäsche aussuchen
- Zeit bestimmen, wann die Unterwäsche ausgezogen werden soll (Kontrollierbar über ein Foto, das übers Handy verschickt wird)
- Bottom muss ganz ohne Unterwäsche nach Draußen. Eine Aufgabe, die sich unter der Jeans genauso gut macht, wie unter dem Rock.
- Bottom muss ein Foto vom Slip machen. Angezogen, heruntergezogen, ausgezogen oder als Fotoserie.
- Bottom muss einen Rock tragen (oder ähnliches) und den Slip hervorblitzen lassen; z. B. beim Übereinanderschlagen der Beine
- wie davor, nur ohne Slip
- Im Restaurant (oder vergleichbarer Örtlichkeit) Wird Bottom auf die Toilette geschickt, um den Slip auszuziehen. Anschließend ist der Slip zu fotografieren, zu überreichen oder gar halbwegs auffällig zu platzieren. (Jacken- oder Hosentasche, Umhängetasche oder unter der Serviette) Besonders Mutige können den Slip natürlich auch neben den Teller legen, so dass jeder Vorübergehende ihn sieht.

Variante
Natürlich gibt es auch anregende Slips, mit einem Plug oder zwei. Je nach Öffnungen des Bottom und nach Wunsch des Top ;-)

05. Frisch verliebt

Egal, ob ihr frisch verliebt seid und sich die Beziehung tatsächlich in den ersten Tagen oder Wochen befindet, oder ob ihr euch schon seit Ewigkeiten liebt: Erinnert euch daran, wie es früher war.

Man konnte kaum die Finger voneinander lassen, geschweige denn die Lippen. Ungehemmt wurde in der Öffentlichkeit geknutscht und das ein oder andere Mal hatte mindestens einer von euch einen Hals, der so aussah, als hätte Dracula seine Fangzähne gegen die dritten Zähne getauscht – nur um sie vor der Saugorgie zu vergessen.

Aber jetzt sind wir ja alle älter und weiser. Und vor allem sie die Zeiten vorbei, in denen man ohne Scham und Reue eine öffentliche Verliebtheitsszene aufgeführt hat. Außerdem … wie würde es auch aussehen, heute noch mit *Knutschflecken* rumzulaufen?

Eben!

Das soll ja auch unter Umständen eine Strafe sein. Oder man soll sich unwohl fühlen. Ein wenig beschämt. Aber eben nur ein wenig.

Was läge also näher, als die Zeit zurückzudrehen und noch einmal in jugendlicher Unbeschwertheit am anderen rummachen zu dürfen? Wenn Top also befiehlt, dass Draußen *gefummelt* wird, viel Spaß!

Nur denkt immer schön daran, es nicht zu übertreiben. Wir wollen ja weder eine Anzeige riskieren, noch kleine Kinder für immer schocken. Doch ein bisschen aneinander rumknabbern ist durchaus drin und für die meisten Erwachsenen unangenehm genug. Vor allem, wenn bei *Küssen in der Öffentlichkeit* – oder spätestens beim echten *Rumknutschen* – unweigerlich Sprüche kommen, wie »Nehmt euch doch ein Zimmer!« oder »Habt ihr kein Zuhause?«.

Aber auch *Knutschflecke*, egal ob frisch gemachte oder vom vorangegangenen Abend, sind bei Leuten, die die Pubertät hinter sich gebracht haben, ein Hingucker. Und egal, ob Top verlangt, dass sie präsentiert und offen getragen werden, oder ob Bottom sie hinter einem Halstuch verstecken darf, man fühlt ich gleich wieder wie ein Teenie :-)

Varianten
Harmloser: Es einfach zu Hause ausprobieren – oder in einem Club
verdeckte Stellen: Knutschflecke erfüllen ihren Zweck durchaus, wenn sie an verdeckten stellen entstanden sind – es reicht meistens, wenn die beiden Beteiligten um ihre Existenz wissen.

06. Enthaaren

Mit diesem Stichpunkt ist natürlich nicht das Haupthaar gemeint. Nicht einmal die Beine oder Arme. Wir wollen euch also nicht als Glatzkopf herumlaufen lassen und auch nicht als haarloses Körpermodel. (Obwohl Letzteres sicher nicht schadet.)

Gemeint ist hier selbstverständlich alles, was sich in der Unterhose befindet – oder befinden sollte. (Nur für den Fall, dass ihr keine tragt :-)

Die Scham zu enthaaren … das ist für einige Menschen eine Art Glaubensfrage an der sich die Geister scheiden. Einige behaupten, es gäbe nichts Besseres; andere halten jeden, der darauf steht für einen unterschwellig pädophil Veranlagten.

Persönlich glauben wir, dass jeder, der sich schon einmal ernsthaft an einem Schamhaar verschluckt hat, weiß, wie sehr das die Stimmung zerstören kann.

Aber egal, wie man persönlich dazu steht, wenn Top sagt »Haare ab!«, dann Haare ab. Fürs erste Mal empfehlen wir hier, erst einmal mit einer Schere zu stutzen und den Rest in der Dusche oder im Bade zu rasieren.

Glaubt uns einfach, wenn wir sagen, der Effekt ist es wert. Niemals wieder werdet ihr dort unten so empfindlich sein, so entblößt. Jeder Windzug ist zu spüren und Berührungen sind plötzlich so intensiv, dass wir selbst beim Schreiben ins Schwärmen geraten. Selbstverständlich kann man das Ganze auch zelebrieren und/ oder sich rasieren lassen. Jemand anderen freiwillig mit einem scharfen Gegenstand in die Nähe der empfindlichsten Körperstelle zu lassen, setzt einiges an Vertrauen voraus. Man fühlt sich ausgeliefert und gleichzeitig gewürdigt, wertgeschätzt und entblößt.

Und egal, ob es eine Strafe sein soll, eine Vertrauenskontrolle, eine Aufgabe oder es sowieso einfach dazugehört: Es ist sehr intim :-)

Hinterher nicht eincremen oder gar Deo benutzen! Das brennt! Sehr!

Oh, huch! Das ist ja ein Buch mit Strafen und aufgaben im BDSM-Bereich … Also auf jeden Fall Deo benutzen :-)

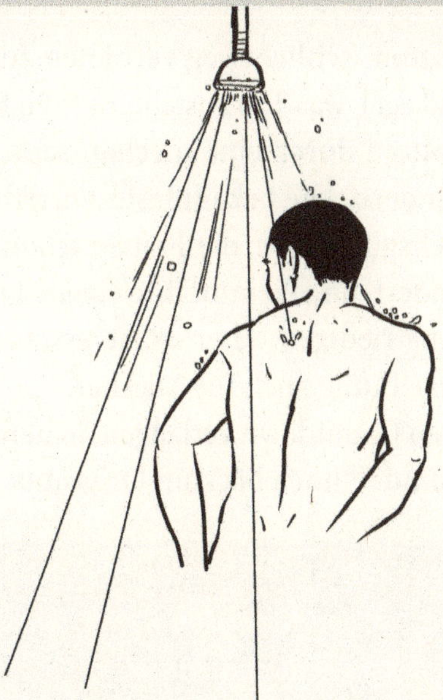

07. Der Orgasmus

Ein Orgasmus ist schön und gut, zwei sind sehr gut und drei fantastisch.

Aber darum geht es in Punkt 7 natürlich nicht, das wäre ja zu einfach. Es geht um eine Aufgabe, die unter den richtigen Umständen nicht nur anstrengend, sondern auch eine Strafe ist.

Und rund um den Höhepunkt der erotischen Körperlichkeit gibt es einen ganzen Haufen wunderbarer Aufgaben:

- Top kann Bottom ein Spiel lang den Orgasmus verweigern. D. h. Top stoppt jedes Mal beim Spiel kurz bevor Bottom zum Höhepunkt gelangen kann.
- Top kann Bottom einen gewissen Zeitraum lang den Orgasmus verweigern. D. h. Top kommt beim erotischen Spiel mit Bottom zu seinem Vergnügen, Bottom zumindest nicht zum Abschluss.
- Top kann Bottom schlichtweg verbieten zum Orgasmus zu kommen. Und egal, was Top anstellt, Bottom hat zu gehorchen!
- Top kann Bottom durch eine mechanische Vorrichtung am Orgasmus hindern. Die bekannteste Vorrichtung dürfte hier der Keuschheitsgürtel sein, der Frauen schon seit Jahrhunderten daran hindert, ungehemmt ihre eigene Lust zu erforschen oder sich zu befriedigen. Aber selbstverständlich gibt es eine ähnliche Vorrichtung auch für Männer.
- Top kann einen Countdown verlangen, in dem Bottom mitteilt, wie viele Sekunden noch bis zum Orgasmus bleiben.

Mixvarianten,
da diese durchaus in den Kreativen Bereich und das Schriftliche unter Punkt 46 hineingehören können:

- *Das Orgasmusheft: In ihm wird von Bottom festgehalten, wie es zum Orgasmus kam. Auch Ort und Art des Orgasmus (die*

Methode, z. H. »Handjob«) werden aufgeführt. Ferner kann man die Zeit erwähnen, die Dauer und die Stärke. Wer mag, kann natürlich auch Zeichnungen anfertigen oder mit Fotos arbeiten.

- *ein Orgasmus-Wunschheft: In ihm wird aufgeschrieben, wie man sich den perfekten Orgasmus/Sex wünscht*

2. Weiterführendes

Unter diesem Oberbegriff haben wir alle Aufgaben gesammelt, die ein wenig aufwendiger oder schwerer sind, als die Einsteigerspiele – aber noch nicht so anspruchsvoll, dass es sich um echte »Spiele für Fortgeschrittene« handelt.

Allerdings muss man hier schon deutlich eher über seinen eigenen Schatten springen, mehr Disziplin und Selbstkontrolle haben – und mehr mit sich und seiner Sexualität im Reinen sein.

08. Telefonsex

Auch Telefonsex ist eine »harmlose« Spielart und eine halbwegs einfache Aufgabe. Trotzdem wollten wir sie nicht unter »Einsteigeraufgaben« einordnen, weil man für Telefonsex schon ein wenig Übung haben sollte.

Denn es ist gar nicht so einfach dabei ernst zu bleiben. Geschweige denn, genug Fantasie aufzubringen, um daraus einen Lustgewinn ziehen zu können.

Natürlich können hier am Anfang Fotos und Bilder vom Gesprächspartner helfen. Aber auch Bildtelefonie oder ein Videochat können hier als Synonym für das etwas antiquiertere Telefon herhalten.

Und haben nicht alle drei Varianten einen herrlich verruchten

Touch? Vielleicht könnte jederzeit jemand ins Zimmer kommen und einem bei dem heimlichen Tun erwischen?

Aber es bietet sich in vielen Lebenslangen einfach an: Der andere ist weit weg. Vielleicht allein im Urlaub, vielleicht auf einer Geschäftsreise oder einfach nur in einer Arbeitspause. Wobei die Arbeitspause tatsächlich nicht mehr ganz so harmlos ist und zu den fortgeschritteneren Aufgaben gehört.

Den Telefonsex kann man herrlich als Einzelaufgabe nehmen, aber ihn auch mit anderen Aufgaben kombinieren. So kann hier auch der Orgasmus-Countdown zum Einsatz kommen, Orgasmus-Beschreibungen verlangt werden oder – wenn wir zur Bildtelefonie übergehen auch mit anderen Mitteln gearbeitet werden. So kann Bottom Top zum Beispiel mit einem Tanz oder einem Strip anheizen, sich vor dem Monitor enthaaren oder Grundstellungen demonstrieren.

09. Einkaufen mit Handycap

Wie schon beim Putzen kann man auch bei dieser alltäglichen Aufgabe ein Handycap (oder mehrere) einbauen. Egal ob man

Bottom befiehlt, nur mit kleinen Schritten zu gehen, nur die linke Hand zu nutzen oder ob man Bottom anderweitig beschneidet, so kann man den Alltag abwechslungsreich gestalten.

Ein besonders enger Rock, in dem man sich nur im Schneckentempo bewegen kann, besonders hohe Pfennigabsätze oder Fingernägel, mit denen man kaum etwas greifen kann. Eurer Fantasie sind auch hier kaum Grenzen gesetzt.

Auch ein Plug bietet sich hier an, oder ein Vibro-Ei.

Hinweis
Um sich mit einem Vibro-Ei halbwegs sicher bewegen zu können, solltet ihr vorher zu Hause geübt oder wirklich kräftige Unterleibsmuskeln haben. Nichts ist peinlicher, als die Spannung nicht halten zu können und »ein Ei am wandern zu haben« - welches dann womöglich auch noch aus der Hose oder dem Rock fällt :-)

Natürlich kann man auch einen präparierten Slip nehmen, der mit einem Dildo bestückt ist – oder mit zweien. Man kann wahrhaft elektrisierende Unterwäsche nehmen; also solche, die gerne in Hollywoodfilmen auftaucht – meist in Zusammenhang mit einer Fernbedienung, die abhanden kommt.

Variante
Falls ihr mit einem Controller arbeitet, der nicht direkt zum Aufgabenerfüller gehört, d. h. Bottom fremdgesteuert wird, kann man auch andere Menschen bitten, den Regler zu bedienen. Das können Freunde sein, oder einfach interessierte Mitspieler.

10. Slipless

Ohne Unterhose unterwegs zu sein, klingt erst einmal recht harmlos.
Einige von uns kennen sicher auch Menschen, die ständig ohne Slip unterwegs sind und ihr Gehänge einfach nur durch eine Jeans »zurückhalten«. Und auch einige Frauen in unserem Bekanntenkreis schwören darauf, frische Luft durch ihre Lustlippen pusten zu lassen.

Aber sein wir doch einmal ganz ehrlich: Auf jeden, der »unten-ohne« herumläuft, kommen tausend Andersdenkende und für die meisten von uns wäre es doch sicherlich unangenehm, wenn diese Vorliebe oder unser Nicht-Unterwäsche-tragen auffällt, oder nicht?

Dementsprechend sollte auch die Aufgabe ausfallen!

Hier gibt es natürlich auch Abstufungen:
Während Anfänger erst einmal *zu Hause* oder in einem sicheren Umfeld mit einer solchen Aufgabe beginnen können, dürfen sich risikofreudigere Spieler direkt *nach draußen* trauen. Anfangs mit einem langen Rock oder einer Jeans bekleidet, kann man später auch *im Auto* fahren oder die Aufgabe stellen, sich in einem Rock (Frauen sehr kurz, für Männer gibt es ebenfalls schicke, gothic-angehauchte Röcke) *in einen Club oder eine verwinkelte Kneipe* zu begeben. Ziel kann es hier sein, dass ein Außenstehender bemerkt, dass keine Unterhose getragen wird.
Ganz Mutige können auch unten-ohne *Fahrradfahren* oder *jemanden in das Spiel einbeziehen* und im Laufe der Aufgabe dazu bekommen, sie unten-herum zu erkunden.

Hinweis:
Gerade bei einem männlichen Aufgabenerfüller und dem Wunsch andere Leute in das Spiel einzubeziehen, bietet sich

eher ein Swingerclub oder ein SM-Club an. Eventuell eine sehr Flirttolerante Kneipe.

11. Bei Anruf ...

Wenn Top anruft, geht Bottom an den Apparat -und gehorcht!
Egal welche Aufgabe gestellt wird.
Da wir uns in »Weiterführendes« befinden, sollten die Aufgaben natürlich dementsprechend »soft« sein und zum Thema passen.

Es kommen zum Beispiel Kleidungswünsche (»Ziehe Dessous an und das schöne Kleid, das wir neulich gekauft haben.«), Reinigungswünsche (»Bereite dich auf Analsex vor und mache schon einmal einen Einlauf.«) oder kleine Aufgaben (»Ziehe deinen Slip aus und pack ihn für den restlichen Tag weg.«)

Selbstverständlich können es auch beschreibende Aufgaben sein. Zum Beispiel darüber, was Bottom gerade macht oder machen möchte. Man kann Bottom den letzten gemeinsamen Sex beschreiben lassen, oder verlangen, dass der Angerufene genau jetzt nackt die Wohnung putzt oder unbekleidet das Abendessen kocht.

Weiter kann man »bei Anruf« auch als Übergang zwischen Telefonsex und Selbstbefriedigung nutzen – um Hemmungen abzubauen. So kann Top verlangen, dass sich Bottom am Telefon befriedigt und es sich schildern lassen. Oder einfach nur zuhören.

12. Was für den Schwanz

Okay, die Überschrift ist hier provozierend gewählt, aber durchaus zutreffend. Denn natürlich gibt es Keuschheitsgürtel nicht nur für die Frau und gegen einen schönen Schwanzkäfig ist nun wahrlich nichts einzuwenden.

Der männliche Spieler kann die Aufgabe bekommen, eine gewisse Zeit lang einen engen Käfig um sein bestes Stück zu tragen – und muss dann Aufreizendes sehen oder über sich ergehen lassen.

Eine Erektion wird schmerzhaft verhindert.

Natürlich kann es sich hier auch um eine längerfristige Einrichtung handeln, die dem dominanten Partner die Möglichkeit gibt, ein gewisses Maß an Lustkontrolle auszuüben.

Ferner bietet sich auch die Möglichkeit, den Schwanz des anderen immer wieder »zu blasen«, bis er kurz davor ist zu kommen – und dann aufzuhören. Das kann mit Ansage geschehen, mit dem Verbot zu Kommen, oder mit einem Countdown.

Und da wir schon einmal dabei sind, dass einer den Schwanz des anderen im Mund hat: Auch ein Schwanzknebel ist eine wunderschöne Aufgabe. Hier löst eben das echte Exemplar seinen kleinen, gebräuchlicheren Plastikbruder ab. Doch egal, ob es beim Essen praktiziert wird (hier isst selbstverständlich nur eine Person und zwar nicht die mit dem Schwanz im Mund) oder beim Fernsehabend: Einer von beiden wird wirkungsvoll zum Schweigen gebracht.

Habt ein Handtuch oder eine Serviette griffbereit, wenn man nämlich etwas im Mund hat, beginnt man ganz leicht zu sabbern :-)

13. Essen

Liebe geht bekanntlich durch den Magen, macht Müde munter,

man will den anderen vernaschen oder hat ihn gar zum Fressen gerne.

Für jemanden schön zu kochen gilt nicht nur unter frisch Verliebten als kulinarischer Liebesbeweis. Auch bei langjährigen Liebschaften oder Ehepartnern gilt zelebriertes Essen als entzückende Idee – und hat schon so manch eingeschlafene Lust wiederentflammt.

Essen ist ein sehr sinnlicher Akt und kann so viel mehr sein, als das elementare Aufnehmen von »Kraftstoff für den Körper«. Man sollte es definitiv angemessen würdigen!

Und zwar egal, ob man selbst kocht oder »nur« derjenige ist, der bekocht wird.

Und so vielfältig, wie Speisen an sich sind, so spannend und abwechslungsreich sind die Aufgaben rund um diesen Vorgang. Denn egal, ob man nackt kocht, mit Handycap oder in Dessous. Ob man auf HighHeels durch die Küche stöckelt, nur mit einem ButtPlug bekleidet oder ob man einfach ein besonders schönes Ambiente geschaffen hat … hier einige weitere Spielideen:

- Bottom muss den Vorkoster spielen und darf selbst nicht essen
- Bottom hat die Augen verbunden und muss Speisen oder Zutaten erraten. Liegt Bottom falsch, droht eine Strafe. Zum Beispiel Schläge auf den Po mit dem Kochlöffel.
- Bottom hat die Hände hinter dem Rücken gefesselt und muss so essen.
- Bottom darf selbst nicht essen, sondern muss Top füttern.
- Bottom wird gefüttert; zum Bespiel mit der Gabel, obwohl es etwas gibt, was eigentlich einen Löffel erfordert. Auf jeden Fall sollte Bottom hinterher schön schmutzig sein :-)

Mehrspielermodus/schön für eine Party

- Der Aufgabenerfüller wird hübsch drapiert und mit Speisen »belegt«. Anschließend wird von diesem lebendigen Büffet gegessen.
- Schon einmal versucht, im Dunkeln zu essen? Hierzu sollte es so finster wie möglich sein – und nichts allzu Heißes geben … Suppen sind auch eher mit Vorsicht zu genießen.

Lese-Tipp:
Allen, die sich hier weiter inspirieren lassen wollen, sei das Buch »himmlisch heiße Aphrodisiaka« empfohlen, in dem es von Speisen, Getränken und sonstigen Anregern nur so wimmelt.

14. Durchhaltestrafen

Unter dem Punkt »Durchhaltestrafen« haben wir alles zusammengefasst, was unserer Meinung nach damit zu tun hat, dass Bottom, der Aufgabenempfänger, durchhält. Selbst wenn es bei der Aufgabe im Prinzip darum geht, eben nicht durchzuhalten.

Entweder, weil die Aufgabe an sich so schwer ist, dass man sie nur begrenzt erledigen kann (z. B. knien. Irgendwann ist es körperlich schlichtweg nicht mehr möglich oder ratsam weiterzumachen.) oder die Aufgabe per se dafür gemacht ist, Bottom die eigenen Grenzen aufzuweisen. (Hier ist die Aufgabe unter Umständen machbar – aber eben nicht so lange, wie Top sie gerne ausgeführt haben möchte.) Bei der ersten Aufgabenart hat Top die Pflicht auf die Gesundheit von Bottom zu achten. Bei der zweiten Art ist es Bottoms Pflicht trotzdem tapfer so lange durchzuhalten, wie möglich. Um Top stolz zu machen!

Knien hatten wir schon. Was können also weitere Aufgaben/Strafen sein?

Wenn man ein wenig kreativ (oder fies) ist, biete sich hier Vieles an: Von »auf einem Bein« stehen über »auf allen Vieren auf der Couch verharren« bis hin zum »still sitzen bleiben«.

Aber das ist natürlich sehr … gewöhnlich. Deswegen wären unsere Spielempfehlungen hier:

Ecke stehen

Für diese Aufgabe muss sich Bottom wie bei einer Polizeikontrolle in die Ecke stellen. Die Hände und Beine sind gespreizt und berühren jeweils eine Wand. Die Stirn liegt an. Nun kann Bottom nicht mehr sehen, was im Raum sonst noch geschieht. Eine Haltung, die sich gut dazu eignet, interessante Dinge hinter dem Rücken der bestraften Person zu erledigen. Egal ob es Selbstbefriedigung ist oder einfach nur das Ansehen der gemeinsamen Lieblingsserie.

Ecke sitzen

Wie zuvor, doch Bottom geht in die Grundhaltung 5 »Sitz«. Doch anders als dort berühren die Knie jeweils eine Wand, die Hände sind im Nacken verschränkt und auch die Ellenbogen berühren je eine Wand. Eine Position, die schnell anstrengend, unbequem und schließlich schmerzhaft wird.

Münzen halten

Bottom muss sich an die Wand stellen, die Hände befinden sich flach an der Wand, jeder Finger hält eine Münze (oder einen anderen kleinen, flachen Gegenstand). Jetzt muss Bottom ausharren. Schon bald werden die Finger lahm, die Arme schwer. Doch Bottom muss ausharren. Sonst droht eine vorher festgelegte Strafe, gerne auch pro verlorener Münze.

Münze halten

Bottom muss sich an die Wand stellen. So dicht, dass eine Münze mit der Stirn an der Wand festgehalten werden kann. Nun wird Bottom gereizt oder »bespielt«. Dabei muss die Münze bleiben wo sie ist – sonst gibt es eine vorher festgelegte Strafe.

15. Selbstbefriedigung

Selbstbefriedigung ist schön und gut – und wichtig. Nur wer sich selbst befriedigen kann, kann auch Liebkosungen von anderen annehmen und weiß, wie man sich selbst – und meist auch andere – auf Touren bringt.

Das hat etwas mit der Akzeptanz des eigenen Körpers aber auch mit der eigenen Sexualität zu tun, die man so erforschen kann.

Generell ist Selbstbefridigung immer noch etwas, was kaum jemand zugibt. Und wenn, dann nur wirklich guten Freunden gegenüber. Seltener dem Partner gegenüber. Nicht, weil man dem nicht vertraut, sondern weil man häufig der Auffassung begegnet, dass man, wenn der Partner einen doch sexuell stimuliert und »es einem richtig oft und ausgibig besorgt«, es nicht nötig hat, sich selbst zu stimulieren.

Das ist natürlich Blödsinn!

Selbstbefriedigung bedeutet nicht, dass es der andere nicht draufhat. Es bedeutet auch nicht, dass einem in der Partnerschaft etwas fehlt, der Orgasmus nicht oder nur rudimentär vorhanden ist.

Es sich selbst zu besorgen macht einfach Spaß, man erforscht sich und seine Triebe, man bereitet sich für den anderen vor und regt die eigene Fantasie an.

Aber bei dieser Aufgabe geht es selbstverständlich um etwas anderes: Es geht darum, die Fantasie des anderen anzuregen und über den eigenen Schatten zu springen. Denn die meisten praktizieren Selbstbefriedigung allein.

Hier nicht! Hier soll man sich vor dem anderen befriedigen. Entweder so, *wie man es selbst tun würde*, oder *so, wie er oder sie es einem befiehlt.*

Auf Wunsch (Befehl!) des Anderen kann man *Hilfsmittel* nehmen: Gleitgel, Dildo, Vibrator, Magic Wand etc. oder einfach die eigenen Hände. Man soll dem anderen *zeigen, was man gerne hat*, wie man es möchte – oder sich einfach haargenau so berühren und bewegen, *wie der andere es möchte.*

Mehr Varianten:
Selbstverständlich kann man dazu zu Hause im eigenen Bett liegen. Muss man aber nicht. Die Aufgabe kann einen auch nach draußen führen, in eine Umkleidekabine, ins Auto oder in den Wäschekeller. Vom Ort her sind eurer Fantasie nur die Grenzen des Gesetzes gesetzt.

Special: Rollenspiele

Im Prinzip ist alles, was nicht eurer »echten« Rolle entspricht ein Rollenspiel. Egal, ob man im Theater ist, für eine Szene probt, jemanden nachäfft oder einfach ein Gedicht effektvoll rezitiert, man schlüpft in »die Haut einer anderen Person«.

Definition:
Ein Rollenspiel ist eine Spielform, bei der der oder die Spielenden die Rollen realer oder fiktiver Menschen, Wesen oder Gegenstände übernehmen:
Man wird also spielend zu etwas/jemand anderem.

Erotische Rollenspiele sind ähnlich: Man kann in verschiedene Rollen und Positionen wechseln, frei oder nach Regeln, ausprobieren und einfach Spaß haben. Schließlich ist – so hat es bereits Shakespeare erkannt – die ganze Welt eine Bühne. (»All the world´s a stage.«) Wieso also nicht einfach das Räuber-Gendarm-Spiel sinnlicher gestalten oder das »Schreib-Rollenspiel« wörtlich nehmen und die Haut des Spielgefährten mit Bodylotion bemalen?

Es ist natürlich keine Schande, wenn man auf solche Spiele verzichtet, oder nichts mit ihnen anfangen kann. Weder fällt man Tod um, noch ist man deswegen ein schlechterer Mensch. Schließlich muss nicht jeder alles mögen – und manchmal mag man manche Sachen auch erst nach Jahren, oder mit der richtigen Person, mit dem richtigen Timing oder einem entsprechenden Setting.

Generell spielt man Rollenspiele, weil sie Spaß machen, weil man andere Aspekte seiner Persönlichkeit erforschen, andere Teile seiner Lust erkunden und die eigene Sexualität anders – freier – entfalten kann.

Man kann in fremde Rollen tauchen; Rollen, die man im wahren Leben vielleicht nicht ausfüllen kann oder will, die es gar nicht mehr gibt (z.B. römischer Herrscher), die unmoralisch sind oder einem so vorkommen. Man kann in fremden Welten lieben und man kann sich ganz und gar hingeben, weil man ja nicht man selbst ist. Kurz: Man kann über den eigenen Schatten springen und häufig in der ausgesuchten Rolle ehrlicher mit sich und der eigenen Sexualität, den Wünschen und Gelüsten umgehen.

Deswegen sind Rollenspiele eben nicht nur lustig, sondern – wenn man sich auf sie einlässt – so beliebt.

Zu den bekanntesten gehören sicher:

Arztspiele,Sekretärinnenspiele, Schulspiele oder Sklavenspiele. Aber auch Sexspiele (z. B. Freier-Nutte) gehören strenggenommen in diese Kategorie, genau wie das erotische Spiel mit dem Handwerker oder mit jemandem, der nicht in die eigentliche »Erotik-Zielgruppe« gehört, wie zum Beispiel die Nonne oder der Priester.

Tipp:
Wer mehr Anregungen zu Spielszenarien benötigt, kann sich neue, persönliche und intime Einblicke in Lilly An Parkers sinnlicher Welt holen: »Rollenspiele – eine Einführung in das Reich der sinnlichen Fantasie und der erotischen Maskerade. 69 Lektionen der Lust«

5. Spiele für Fortgeschrittene

Nun haben wir die Aufgaben für Einsteiger, Anfänger und Interessierte hinter uns gelassen und wenden uns Spielen zu, die deutlich mehr mit »echtem« BDSM zu tun haben. Sie sind schwerer und härter und haben mehr mit mehr Gehorsam, Demut, Unterwürfigkeit, Dominanz und Schmerzen zu tun.

Und natürlich mit Lust.

Wenn auch nicht unbedingt mit mehr Lust, so doch zumindest mit einer anderen Form von Lust ;-)

16. Unterwürfigkeit/Dominanz

Eine Aufgabe, die nicht mit Schmerzen verbunden sein muss. Es kann sich hier »einfach« um einen Gehorsamsbeweis handeln oder eine Handlung, die die Akzeptanz des eigenen Status unterstreicht.

Natürlich ist Bottom bereit, auch Schmerzen für den Top zu ertragen – obwohl das in den meisten Fällen eine falsche Formulierung ist ;-)

Aber hier kann Top sich überlegen, welche Aufgabe wirklich geeignet ist, um Bottom daran zu erinnern, dass hier Unterwürfigkeit angesagt ist.

Und egal, ob eine der vorher beschriebenen *Sklavenstellungen* abgerufen wird, oder ob Bottom für 24 Stunden jeden *Augenkontakt zu vermeiden* hat, es geht darum, deutlich zu machen, wer der dominante Part ist.

Führt Bottom *an der Kette* aus oder legt ihm oder ihr ein schönes Halsband um. (Hier ist es gleich, ob ihr hier ein dünnes oder dickes Lederband, eine Schlinge oder eine Kette bevorzugt und es ist auch egal, ob auf dem Schmuckstück der Ring der »O« symbolisch prangt oder ob es einfach nur etwas ist, das ihr selbst durch euer Spiel mit einem Symbolcharakter ausstattet.)

Genausogut kann Bottom natürlich auch in einer von Top frei gewählten Position verharren oder beim Filmabend mit dem Rücken zum TV-Gerät platziert werden.

Hier sollte Top etwas wählen, was für Bottom in diesem Moment wirklich schwer ist – und eine Strafe. (Es nutzt ja nichts, wenn Bottom gerne an einer Kette geführt wird, dies als Aufgabe zu nehmen ...)

17. Essbares

Anders als bei dem Punkt »Essen« unter 13. geht es hier um deutlich direktere Spiele – mit Lebensmitteln. Denn so seltsam es vielleicht für Anfänger, Einsteiger oder Interessierte-und-bisher-Nicht-SMer klingt, viele mögen diese Aufgaben und schätzen den Geschmack von Lustsäften.

Einige optimale Lebensmittel: Lolly, Gurke, Banane, Fleischwurst

Spielmöglichkeiten:

- Mit Hilfe der Lebensmittel muss Bottom zeigen, wie ein Schwanz geleckt und geblasen wird. Authentisch! Natürlich kann man mit Hilfe anderer Lebensmittel auch eine Vagina »nachstellen«.

Tipp: Besonders peinlich im Mehrspielermodus, wenn man vor anderen Personen als Top zeigen muss, wie es geht.

- Gurke oder Fleischwurst werden zwischen die Schamlippen der Frau oder in ihre Vagina geschoben und anschließend verzehrt. (Ob von der Frau oder dem Spielpartner überlassen wir eurer Fantasie.)

Tipp: Auch gut zum Unterwegsessen geeignet.

- Mit Hilfe des Lollys wird die Scham oder der Penis »beschmutzt« und muss anschließend gründlich sauber geleckt werden. Wahlweise kann auch erst der Lolly geschleckt werden, wieder mit Lustsäften benetzt werden – bis er verzehrt ist.

Tipp: Man kann die Aufgabe 2teilen und morgens sich selbst vom Lolly freilecken lassen, anschließend den schmutzigen Lolly als Pausensnack mitgeben und ein Foto vom sauber geschleckten Lolly verlangen.

Achtung!
Bitte achtet hier trotzdem auf die Hygiene. Wenn man darauf besteht

Likör aus einer Pussy zu trinken, sollte man diese anschließend auch extrem säubern.
(Und das ist jetzt nur ein Beispiel ... jeder kennt doch sicherlich den Witz mit dem Mann, der Fußpilz an der Zunge hat, weil er gerne Füße leckt? Oder um dessen Freund zu zitieren: »Scheiße! Und ich hab mir von ihr einen mit den Füßen runterholen lassen ...«
In diesem Sinne: Guten Appetit :-))

18. Schlagwerkzeuge u.ä.

Schlagwerkzeuge sind selbstverständlich mit die bekannteste Spielart des BDSM. Wahrscheinlich, weil sie in Filmen immer so schön dargestellt werden.

Aber die Wirklichkeit sieht ganz anders aus. Natürlich.

Das fängt schon damit an, dass es nicht das Schlagwerkzeug an sich gibt, sondern viele verschiedene Sorten, die sich für unterschiedliche Dinge und unterschiedliche Schmerzabstufungen eignen. Für einige muss man nicht mehr als Geschickt mitbringen – bei anderen sollte man vorher schon ausgibig geübt haben. Und wer das jetzt nicht glaubt, dem empfehle ich einfach einmal mit einer Gerte richtig feste auf den eigenen Oberschenkel zu schlagen. Das muss nicht einmal mit der Spitze sein, nehmt ruhig die Länge und traut euch. Keine Hemmungen. Ihr habt noch Wochenlang etwas davon!

Fazit: Hier ist Vorsicht angebracht.

Ein kleiner Überblick

Das Paddel: Ein Paddel ist ein kurzes, flaches Schlaginstrument mit einer breiten Oberfläche, die meist aus Holz oder Leder besteht. Gibt es auch in hohl und mit Nieten besetzt.

Die Klatsche: Ähnlich wie das Paddel, aber dünner und nicht ganz so breit, deswegen schärfer als das Paddel.

Der Flogger: Ein Schlagwerkzeug mit mehreren dünnen Riemen

an einem Stiel. Diese mehrschwänzige Petische wirkt auf den ersten Schlag harmlos, weswegen sie oft als Einsteigerwerkzeug gilt. Aber auch zum Aufwärmen vor dem Gebrauch der eigentlichen Werkzeuge sind Flogger nicht zu verachten.

Die Springgerte: Kann man in jedem Reitershop erwerben und ist ähnlich einzusetzen wie die Klatsche. Doch Achtung! Durch den längeren Stab ist die Springgerte nur vorsichtig zu gebrauchen.

Die Gerte: Ebenfalls im Reitshop zu erwerben und mit noch größerer Vorsicht zu gebrauchen. Oder um es einmal ganz deutlich zu werden muss man wirklich schon versiert sein, um die richtige Stelle mit der richtigen Wucht zu treffen – ohne bleibende Schäden zu verursachen.

Die Peitsche: Noch schwerer zu bedienen. Es gitb schon einen Grund, warum Reiter damit ihr Pferd nicht treffen, sondern sie »nur« als Hilfsmittel einsetzen und gegebenenfalls auf den Knall setzen, den man damit erzeugen kann.

Pferdehaar: Klingt erst einmal harmlos. Aber dadurch, dass hier viele Haare auf die nackte Haut treffen, wird aus dem Prickeln sehr schnell ein hundertfacher, feiner Schmerz.

Hier gibt es natürlich die obligatorischen »Schlagstrafen«, zu denen entweder eine *feste Anzahl* vorher verabredeter Schläge gehört, das *Mitzählen* der Treffer durch Bottom oder das solange *Durchhalten* wie möglich.

Bei Letzterem muss Top sehr genau aufpassen, da Bottom in eine Art Trance geraten kann.

Varianten
Okay, ja … es sind keine Schlagwerkzeuge, aber der Effekt ist ähnlich genug, um sie hier aufzulisten: Das Wartenbergrad und der Massageball.

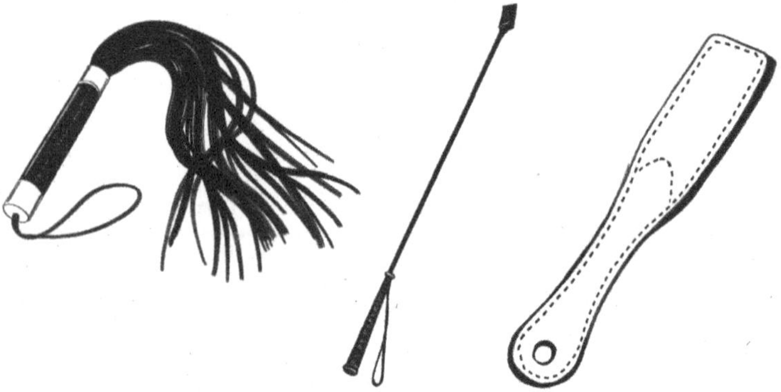

19. Nachts

Auch die Nächte kann man hervorragend für eine Aufgabe – oder mehrere Nutzen.

Egal, ob ihr Bottom befehlt *zu bestimmten Zeiten aufzuwachen* und näher zu beschreibende *Aufgaben* zu erfüllen, oder ob das Aufwachen bereits die Aufgabe ist, diese Aufgabe eignet sich besonders für Menschen, die 24/7 praktizieren – und angeblich auch für Leute, die Schlafprobleme haben. Jedenfalls wurden uns im Vorfeld einige Geschichten erzählt, wodurch entsprechende Personen sich dann so auf die Aufgabe konzentriert haben, dass sie vorher und nachher schlafen konnten. Falls ihr also hier Erfahrungen habt oder sammelt, freuen wir uns über eine Rückmeldung beim Verlag!

Zu den nächtlichen Aufgaben kann im Prinzip alles werden, was Mitbewohner etc. nicht stört. Zum Beispiel kann man einen Brief verlangen, eine Einkaufsliste, etwas erotisches wie Selbstbefriedigung, ein Nacktbild oder das Anrichten des Frühstücks. Eine Dusche allerdings wäre fies, da man davon wohl doch zu wach wird :-)

Andererseits kann man natürlich auch die gesamte Nacht zur Strafe machen, indem man Bottom die Aufgabe gibt in einer unbequemen Position zu schlafen oder an einem Ort, der nicht gerade erste Wahl ist. (Strafbank, Waschmaschine etc.)

Auch das künstliche Halten in der unbequemen Position kann zur Aufgabe gehören und durch entsprechende Fesselung oder durch Handschellen gewährleistet sein.

Achtung
Greift bitte nur auf Fesseln oder Handschellen zurück wenn ihr anwesend seid und bleibt!

20. Klammerspiele

Egal, ob ihr euch extra dafür gedachte Klammern zulegt oder gute alte Wäscheklammern nehmt, Spaß bringen die Aufgaben rund um Klammerspiele allemal.

Hier steht euch auch frei, welche Stellen ihr mit den Klammern »verwöhnt«: primäre Geschlechtsteile (Venushügel, Penis), sekundäre Geschlechtsteile (Brustwarzen, Hodensack, Schamlippen) oder einfach Ohren, Nase, Zunge und geeignete Hautstellen.

Ein wenig Vorsicht ist natürlich zu walten, da Klammern Haut und Gewebe schädigen können, da sie die Blutzirkulation behindern. Aus diesem Grund solltet ihr die Klammern nicht allzulange benutzen und mit blauen Flecken rechnen.

Doch ehrlich gesagt überwiegen die Vorteile, da Klammerspiele dem Aufgabenerfüller gleich zweimal wehtun: Beim Anbringen, aber auch beim Entfernen, da das Blut zurück in das abgeklemmte Gewebe fließt.

Wäscheklammern haben außerdem den Vorteil gegenüber den extra dafür hergestellten Klemmen, dass sie leicht abzubekommen sind. D.h. man kann sie zum Beispiel mit einem der unter Punkt 18 beschriebenen Werkzeuge einzeln abschlagen – oder eine Schnur darumbinden und alle gleichzeitig abziehen.

Probiert doch einmal die Klammern ästhetisch einzusetzen, indem ihr schwarz-weiß »klemmt« und Fotos macht. Auch einen Regenbogen mit Farbverlauf auf dem Körper ist hier sehr reizvoll.

Achtung!
Die Klammern nie zu fest machen, da sonst echte, langfristige Hautschäden entstehen können.

21. Eis

Egal, ob als Zugabe zu anderen Spielen – wenn z.B. jemand bereits mit Klammern verschönert wurde – oder als Einzelaufgabe, Eis und Eiswürfel sind großartig geeignet, um jedes Gefühl zu intensivieren.

Ohne es steuern zu können, zucken die Muskeln unter der Haut. Kälte schleicht sich in die Glieder und macht uns empfindlich. Ob wir wollen oder nicht.

Jeder, der schon einmal am Bett festgebunden war, mit verbundenen Augen, weiß, dass die kalten Tropfen, die auf die Haut fallen, Eis, das über unsere Haut gerieben wird, erst in großen Kreisen, dann immer engmaschiger, uns nahezu in den Wahnsinn treiben kann. Weil wir nicht sehen, wo die Kälte uns treffen wird.

Wenn euch dieses Spiel nicht genügt, lasst Bottom doch einen oder zwei Wasserbecher halten. Die Arme sind ausgestreckt und das Wasser darf nicht verschüttet werden. (Auch sehr schön sind dafür geeignete Kerzen, deren Wachs nach unten, auf die Hände von Bottom tropfen.)

Nun könnt ihr mit dem Eis loslegen und jeden Zentimeter von Bottom verwöhnen.

Ziel ist – wenn die Eis-Aufgabe an sich nicht reicht - entweder, dass Bottom sensibilisiert wird, oder eine andere Aufgabe verstärkt.

Wem diese Eis-Aufgabe zu harmlos ist, dem sei Punkt 25 empfohlen :-)

22. Wachs

Wachs ist quasi das natürliche Gegenstück zu Punkt 21 und genauso gut dazu geeignet andere Aufgaben zu verstärken oder zu ergänzen. Zum Beispiel ist Wachs in Kombination mit Punkt 20 hervorragend. Versucht einmal ruhig stehen zu bleiben, wenn ihr nicht nur mit Klammern verziert seit, sondern auch noch mit Wachs beträufelt werdet.

Auch im abwechselnden Spiel zusammen mit Eiswürfeln ist Wachs großartig.

Aber auch allein ist Wachs prima. Man kann Bottom damit einfach willkürlich besprenkeln, mit großflächigen Mustern begießen, oder es in Aufgaben einbinden. Wachsabdrücke sind immer schön und egal, ob man sie in Natura überreicht bekommt, sich anschließend dekorativ ins Zimmer stellt, oder ob man ein Foto per Handy gesendet bekommt: Sie sind ein Hingucker und äußerst flexibel.

Also flexibel, was den Ort, bzw. den Körperteil des Abdrucks, anbelangt. Wachsabdrücke kann man zum Beispiel von den Brustwarzen machen oder von den primären Geschlechtsteilen verlangen.

Eine Wachsrosette bei der zirka 30 Wachstropfen auf den Anus getropft werden, um anschließend zu erkalten und vorsichtig gelöst zu werden, hat nicht jeder. Ebensowenig wie einen ehemals heißen Schwanzabdruck oder eine verführerische Verewigung der Schamlippen.

Achtet darauf, dass die betreffende Stelle gut rasiert ist. (Sonst gibt es eine gratis Enthaarung gleich dazu. Auch eine schöne Wachs-Aufgaben-Variante, aber hier gerade nicht abgerufen.) Für die Abdrücke könnt ihr zu zweit arbeiten, aber im Prinzip ist jede genannte Körperstelle auch allein machtbar – wenn man ein wenig flexibel ist.

Kreative Variante:
Probiert doch einmal aus, schöne Muster zu sprenkeln oder zu gießen. Man kann ganz wunderbar schwarz-weiß »wachsen« oder Regenbogenfarben nutzen. Beides sieht sehr ästhetisch aus und ist wie gemacht für Fotos, die man in einem Aufgabenbuch o. ä. sammeln kann.

Achtung!
Bitte nehmt auf keinen Fall Bienenwachs und überprüft vor Gebrauch die Temperatur an einer unempfindlicheren Stelle (z. B. am Handrücken). Ansonsten gibt es auch geeignete Kerzen im Fachhandel.

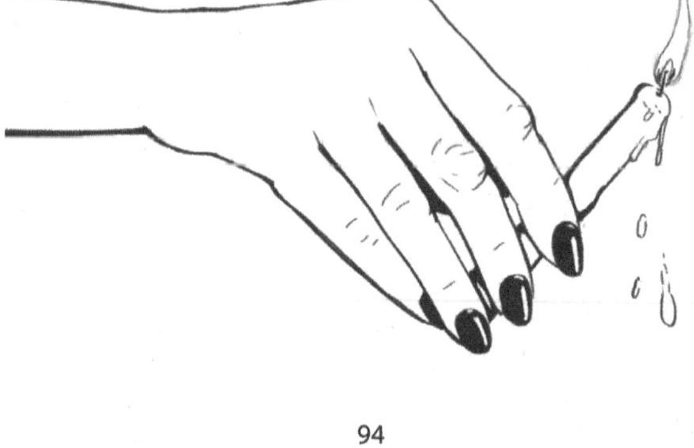

6. Härteres

Für die härteren Spiele solltet ihr wirklich schon Erfahrung haben, da sie jede Menge Vertrauen und Können voraussetzen. Hier kann durchaus einiges schiefgehen, was seelische oder gar körperliche Schäden verursachen kann.

Aus diesem Grund solltet ihr vorher auch genau Risiken, Nebenwirkungen etc. besprechen und schriftlich fixieren. Natürlich wissen wir – und ihr spätestens seit unserem Kapitel 1 – dass das im Extremfall nicht unbedingt hilft. Aber es gibt Bottom und auch Top ein gutes Gefühl. Und wie wir alle wissen ist auch ein Placebo-Effekt nicht zu unterschätzen ;-)

23. Atemkontrolle

Unter Atemkontrolle beim BDSM versteht man alle Spielarten, in denen einer der Spieler nicht mehr selbst über seine Luftzufuhr entscheiden kann.

Etwas, was gemeinhin als Foltermethode bekannt ist, wird hier eine sexuelle Spielart. Ja, tatsächlich … wir haben »Folter« geschrieben. Etwas, was in der BDSM Szene verpönt ist. Doch laut Definition stimmt es an dieser Stelle.

Jede der folgenden Aufgaben gehört strenggenommen in diese Kategorie und wird in einigen Ländern praktiziert, um Menschen Informationen zu entlocken oder sie zu brechen.

Dementsprechend vorsichtig muss man mit diesem Punkt sein!

- *Waterboarding*: kennt man aus Agentenfilmen, aber spätestens seit Fotos an die Öffentlichkeit gelangt sind und wir nun alle wissen, welche Regierungen zu dieser Art von »Verhörmethode« greifen, haben wir schon einmal etwas davon gehört.

  Beim Waterboarding wird Bottom auf einem Stuhl oder liegend auf dem Rücken fixiert. Dann bekommt Bottom ein Handtuch über das Gesicht gelegt – oder nur über Mund und Nase. Nach und nach wird nun Wasser auf das Tuch gegeben … schon bald bekommt Bottom keine Luft mehr.
- Es gibt *spezielle Anzüge*. Bei denen kann Top von Außen die Luftzufuhr regeln, die Luft abdrücken und wieder reinlassen.

Variante
Als Variante reicht eine Plastiktüte mit minimalen Luftlöchern (vorher testen!). Sie wird über den Kopf gezogen und am Hals verschlossen. Ganz wichtig: Sie wird so verschlossen, dass man sie rasch wieder öffnen kann. Haltet für den Notfall eine Schere bereit!

Achtung
Die Aufgabe(n) wirklich mit Vorsicht ausprobieren. Es kann zu Panik kommen, zum Kreislaufkollaps oder Ohnmacht; im schlimmsten Falle zum Herzstillstand.

24. Deprivation

Als Deprivation bezeichnet man es, wenn einer Person so gut wie alle Außenreize genommen werden. Also Hören, Sehen, Riechen. Sie konzentriert sich ganz auf die verbleibenden Sinne.

Deprivation gehört wieder zu den Dingen, die – ohne sexuelle Konnotation – als Folter bezeichnet werden. Kann man auch schön in Agentenfilmen sehen, in denen die Verhörten mit verklebten Augen, Ohren und Nasen in einen Anzug gesteckt werden, bevor man sie in Wasser platziert. Dort bekommen sie über einen Schlach Luft, sind aber von allen anderen Reizen abgeschnitten.

Im Film werden die Meisten an dieser Stelle nach einigen Stunden oder Tagen wahnsinnig.

So weit wollen wir natürlich nicht gehen. Unsere Aufgaben sind zeitlich beschränkt und so ausgerichtet, dass Bottom darauf vertrauen kann, dass Top da ist :-)

- Bottom steht mit verbundenen Augen, verschlossener Nase und Ohropax mitten im Raum und muss warten. Lange. Und wenn Bottom nicht mehr kann, torkelt und orientierungslos das Gleichgewicht verliert … ist Top da und fängt seinen Spielpartner auf.
- Bottom platziert sich als Aufgabe – Zum Beispiel ruft Top an oder schreibt eine Nachricht und befiehlt es. Das Ganze kann natürlich auch per Nachricht auf dem Badezimmerspiegel geschrieben sein oder am Frühstückstisch abgesprochen. – selbst wie oben beschrieben und wartet auf Top. Gerne ansonsten unbekleidet. Bald wird Bottom das Zeitgefühl verlieren, aber tapfer ausharren. Da Top zeitnah eingetroffen ist, kann Bottom nun beobachtet werden. Und entweder zeigt Top Bottom irgendwann seine Anwesenheit (z. B. durch Anhauchen oder Berühren) oder fängt seinen Spielparter zu dessen Überraschung auf.

- Wie zuvor, aber Bottom darf im Bett liegen. Nackt. Gefesselt. Lange. Aber ab und zu wird Bottom berührt. Mit einer Feder, einer Klemme oder mit Eis. Mal wird Wachs auf Bottom getropft oder es erfolgt ein Schlag.

Variante
Druckanzug: Eine Mischung aus Punkt 23 und 24. Hier wird Bottom in einen speziellen Anzug gesteckt. Dann wird die Luft herausgesaugt, der Anzug liegt wie eine zweite Haut an und übt leichten Druck aus. Genug, um Bottoms nackte Haut empfindlich für Berührungen zu machen. Und überhaupt ist Bottom sehr empfindlich, kann doch nur noch über die dafür vorgesehene Öffnung geatmet werden. Sehen, hören und riechen gehören der Vergangenheit an.

Achtung!
Nie allein lassen und auf den Kreislauf achten!

Lesetipp:
Die schönste Beschreibung zu Deprivation findet man in der Reihe von Jona Mondlicht. Einfach in »Unverglüht« hineinlesen und sich fallen lassen.

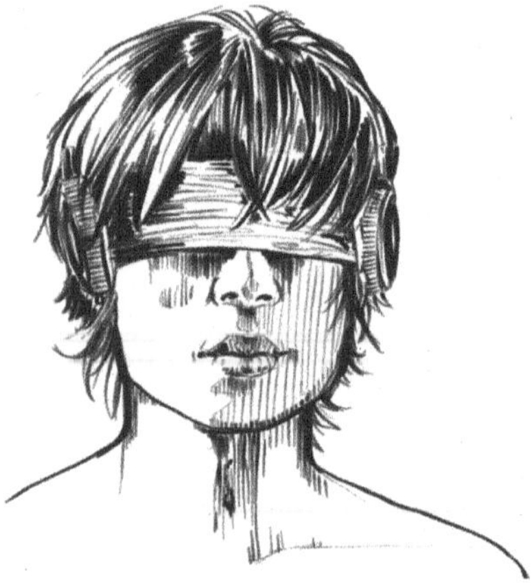

25. Tunnelspiele – da musst du jetzt durch

»Ein Tunnelspiel ist ein BDSM-Spiel, welches einmal begonnen, nicht mehr gestoppt werden kann.«

Damit widerspricht es im Grunde sämtlichen SM-Regeln. Zum Beispiel der, die besagt, dass ein Spiel jederzeit mit Hilfe eines »Safewords« abgebrochen werden kann. Aber auch der, dass ein Spiel immer innerhalb der Grenzen des Bottom stattfinden muss.

Ein Tunnelspiel jedoch kann über diese Grenzen hinausgehen, weswegen man sich gut überlegen sollte, ob man solche Spiele praktizieren möchte.

Aber die Gefahr, über die eigenen Grenzen hinausgeführt zu werden, ist bei Weitem nicht die einzige. Denn es bestehen zudem rechtliche Risikofaktoren (Bottom hat erst die Einwilligung gegeben, es sich aber mittendrin anders überlegt und Top kann nicht stoppen, so dass sich Bottom nun betrogen fühlt und Top verklagt). Auch gesundheitliche Risiken (z. B. bisher unbekannte Allergie gegen Minze, die man sich aber leider schon auf die Schleimhaut geschmiert hat) oder Kreislaufprobleme können auftreten.

Doch nun zu den geeigneten (und legalen!) Mitteln. Ingwer, Kastanien, Brennnesseln, Minze oder metholhaltige Salben wie Wick Vaporub oder Tigerbalsam eignen sich hier besonders.

Und egal ob ihr Bottoms Geschlechtsteile mit oben genannten Salben einreibt, ein Stückchen Ingwer zurechtgeschnitzt und in Vagina oder Anus platziert oder ob Bottom eine (geschlossene) Kastanie zwischen die Schamlippen nehmen muss – spannende Spiele sind hier garantiert. Wahlweise kann man auch Brennesseln als Schagwerkzeug nutzen, im Slip platzieren oder erst die eigenen Geschlechtsteile präparieren und dann Bottom beglücken.

Lesetipp:
Wer mehr über das Thema wissen möchte, kann im Buch »Das Leid mit der Leidenschaft« von Jennifer Schreiner und Lilly Grünberg nachschlagen oder sich von »himmlisch heiße Aphrodisiaka« inspirieren lassen.

26. Mehr Eis

Die leichtere, Einsteigerfreundliche Version von Eis-Aufgaben hatten wir schon unter Punkt 21. Doch natürlich kann Eis mehr …

Zum Beispiel kann man Bottom als Aufgabe »Eissitzen« geben. Hierzu benötigt man ein großes Eisstück und ein Handtuch, welches man auf das Eis legt und auf das sich Bottom dann niederlassen muss. Zum Beispiel beim gemeinschaftlichen Essen.

Das wird ziemlich schnell unangenehm und schmerzhaft.

Tipp: Im Winter bekommt man das Eis leicht von Draußen. Ansonsten kann man Wasser in eine große Plastiktüte füllen und in den Gefrierschrank geben.

Aber auch »Eis einführen« sei hier als Aufgabe genannt. Hierzu wird ein Stück Eis (die Größe kann je nach Lust und Laune variieren, aber natürlich sollt ihr nicht übertreiben, Gefrierbrand am lebenden Objekt ist jetzt nicht wirklich schön ...) in Bottom Vagina oder Anus eingeführt. Ohne das Bottom es kontrollieren kann, wird das Eis durch die Körpertemperatur schmelzen und entweder Bottoms Kleidung benetzen oder an den Beinen nach unten laufen. Beides ist unangenehm und beschämend. Gerade, wenn man es in der Öffentlichkeit ausprobiert.

Tipp: Am Anfang eignet sich vielleicht ein Spaziergang in Wald oder nicht allzu belebten Park – um auszutesten, wie viel so ein Eiswürfel nass machen kann. Nehmt ein Handtuch mit!

27. Mehr Schlagen

Auch »Schlagen« hatten wir schon bei den Spiele für Fortgeschrittene. Aber dies hier ist nicht einfach eine Variante von Punkt 18 – es ist viel härter :-)

Denn neben den eigentlichen »Schlagstrafen« und dem Mitzählen bei Schlägen gibt es auch andere Möglichkeiten, Schlagwerkzeuge in Aufgaben einzubetten:

- Ähnlich wie beim Essenraten zuvor werden Bottom die Augen verbunden. Anschließend muss Bottom anhand eines Schlags auf eine vorher zu bestimmende Körperstelle erraten, um welches Schlagwerkzeug es sich handelt. Das macht natürlich am meisten Spaß, wenn ihr eine große Auswahl besitzt – am besten in unterschiedlichen Materialien.
- Bottom ist nackt und hat die Augen verbunden. In einer geeigneten Stellung darf Bottom warten, während Top ein Werkzeug zur Hand nimmt. Dann darf Bottom die Stelle wählen, die der Schlag treffen soll, ohne zu wissen, was genau benutzt wird.
- Mehrspieler-Variante: Bottom wird nackt und mit verbundenen Augen mit demselben Schlagwerkzeug geschlagen. Aber die Personen, die schlagen, ändern sich und Bottom muss erraten, wer sich gerade vergnügt.

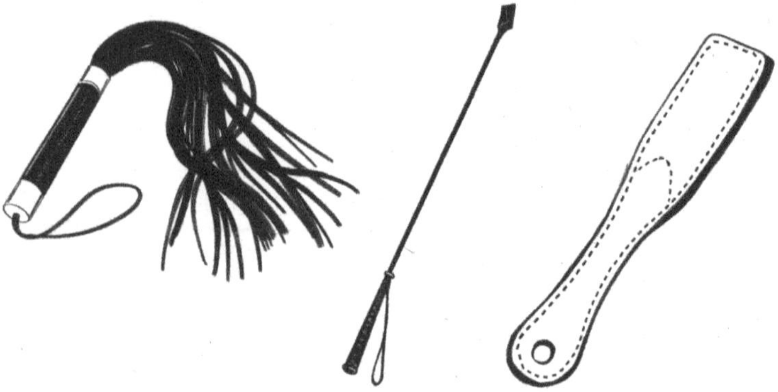

Special: Autschis

Zu den echten »Autschis« und zum echten »Aua« gehören zum Beispiel Nadeln, Haken, Branding, Piercing und Harnröhren Dilatatoren. Und das vor allem, weil man dazu Fachwissen benötigt.

Entsprechende Gegenstände müssen steril sein und derjenige, der z. B. mit Nadeln an einen Körper geht, sollte wirklich Ahnung davon haben, was er tut. Nicht umsonst sind Dominas, die eine entsprechende Ausbildung in der Arzt- oder vergleichbarer Branche haben sehr gut besucht und nehmen viel Geld für ihre Dienste.

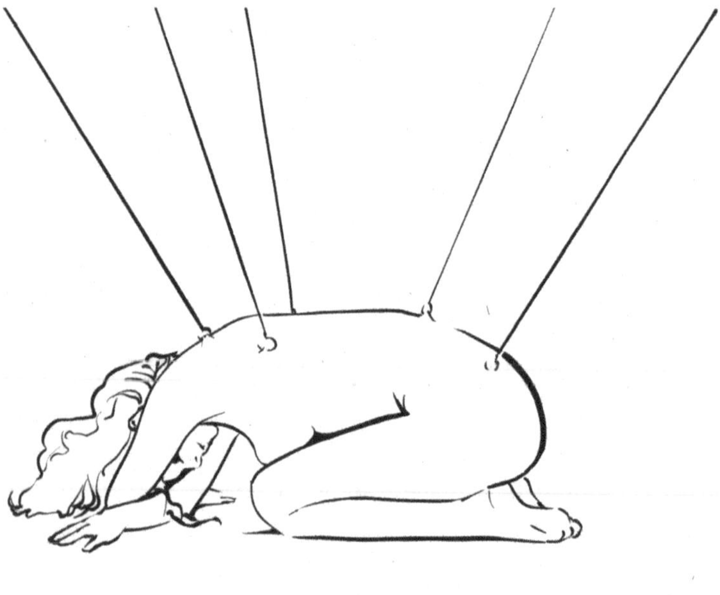

Wer sich also gerne die Hoden mit Wasser befüllen lassen möchte oder schon immer einmal mit der Hilfe von hundert Haken an der eigenen Haut aufgehangen werden wollte: Sucht euch Experten! Lasst euch entsprechende Qualifikationen zeigen!

Dasselbe gilt selbstverständlich für Branding oder Piercing. Falls jemand so etwas im Hinterzimmer machen möchte oder Top der Meinung ist, das wäre spontan eine gute Idee … Lauft!

7. Fremdgesteuertes

Bei »Fremdgesteuertes« lässt man sich ganz und komplett auf den anderen ein, denn wir reden hier nicht nur von gesteuerten kurzen aufgaben, sondern tatsächlich von längeren ... Arrangements. Oder von Aufgaben, die es schon in sich haben und öffentlich bzw. semi-öffentlich sind, weswegen dieser Punkt auch noch hinter den »Fortgeschrittenen« steht :-)

28. Pläne

Die Pläne gehören zu den leichteren Aufgaben unter »fremdgesteuert« , können aber sowohl in ihrer Dauer, als auch in der Anzahl der Mitspieler variieren – und natürlich gibt es auch die Möglichkeit einen höheren Schwierigkeitsgrad zu wählen.

Aber erst einmal die einfache Option:

- Tagesplan: Jeder von uns hat einen Tagesablauf, der mehr oder weniger geregelt ist. Klar, da gibt es die festen Bestandteile wie zum Beispiel Schule, Universität, Job; die verschiebbaren aber regelmäßigen wie Essen, Trinken, Toilette, Waschen und Schlafen; und es gibt die Flexiblen.

  Am besten, ihr schreibt euch einmal einen Tagesplan mit allen Uhrzeiten und Bestandteilen auf. Dabei nehmt ihr nur die festen Bestandteile und berücksichtigt dabei auch eventuell anfallende Fahrzeiten.

Dann überreicht ihr diesen Plan eurem Mitspieler, der die Kontrolle haben soll. Und der trägt nun alles andere ein. Natürlich kann er hier seiner Fantasie freien Lauf lassen und andere Aufgaben einbauen. Beispielsweise alles, was bisher in diesem Buch stand: Nackt putzen, Stellungen üben, Tanzen usw. Selbstverständlich können aber auch Sex, Blowjob, Selbstbefriedigung oder Analverkehr einen Platz in dem Plan finden. (Achtung! Nicht zuviele Aufgaben einplanen.)

Nun liegt es an euch, diesen Tagesplan akribisch einzuhalten und ggf. die notwendigen Beweise für die erledigten Aufgaben zu sammeln.

- Wochenplan: Wie oben, nur eben für eine ganze Woche. Hier sollte auch ein wenig Verwöhnen lassen eingebaut werden, wie zum Beispiel bekochen lassen, schön essen u. ä.
- Partymodus: Hier plant Top für Bottom eine Party durch. Das kann damit beginnen, die Kleidung auszusuchen, aber natürlich können auch hier Uhrzeiten für Getränke, Essen oder Aufgaben vorgegeben werden. Genau wie so etwas wie: Bis XY Uhr muss ein Mitspieler für XX gefunden werden.
- Öffentlicher Modus: Siehe Aufgabe 32. Allerdings können hier mehr »Kleinigkeiten« in den Plan genommen werden :-)
- Mehrspielermodus: Die Aufgabe ist zeitlich begrenzt, meist auf eine Nacht oder eine Party. Der Aufgabensteller legt fest, was er selbst wann mit wem macht.

Wahlweise kann die Aufgabe auch schwerer gestaltet werden, dann legt der Aufgabensteller fest, wer wann was und mit wem macht.

Generell können bei Aufgabe 28 sowohl Bottom als auch Top füreinander planen, oder Bottom für Top oder umgekehrt; aber natürlich kann die Aufgabe auch darin bestehen, dass einer von beiden aus einer Liste wählt und diese Dinge irgendwo im Voraus in seinen Wochen- oder Tagesplan integriert.

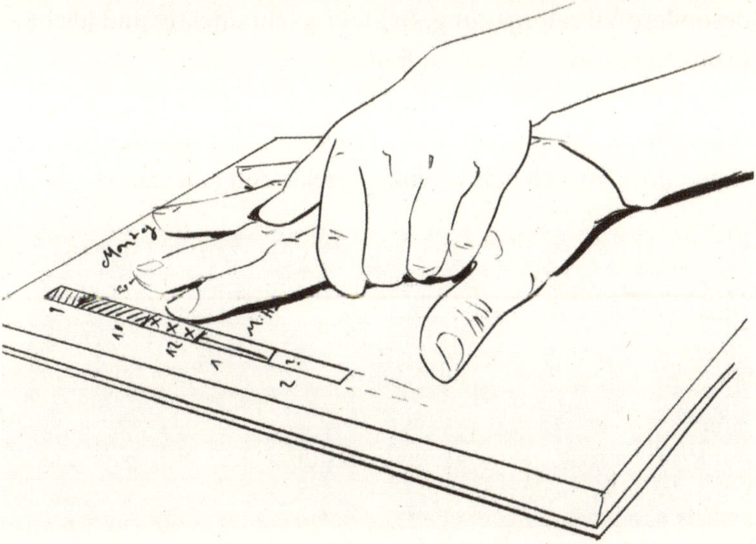

29. Ungewollte Orgasmen

Der Titel dieser Aufgabe ist wohl selbsterklärend :-)

Die aktive Aufgabe kann es also sein, jemanden zum Orgasmus zu bringen – obwohl derjenige alles daran setzt, nicht zum Höhepunkt zu kommen. Oder eben – als passiver Part – selbst zu versuchen, nicht zum Höhepunkt zu kommen.

Als Spiel bietet es sich an, den anderen mit gespreizten Beinen ans Bett zu fesseln oder an den Stuhl und dann alles in der eigenen Macht stehende zu tun, um ihn zum Kommen zu bringen. Das kann je nach Aufgabe durch streicheln, fingern oder lecken geschehen. Ihr könnt euch auf Spielzeuge einlassen – oder »Geheimwaffen einsetzen.

Geheimwaffen sind hier das sogenannte »Suck it« / »Lick it« oder einen »Magic Wand« / »Wicked Wand«. Ersteres ist quasi ein automatisches Leck- oder Blasgerät für die Frau, zweiteres eine besondere Vibratorgattung. Beides ist sehr effektiv und leicht in Erotikstores oder Online zu finden.

Ihr wolltet schon immer neues Spielzeug ausprobieren? Herzlichen Glückwunsch, das ist eine perfekte Aufgabe dafür!

Hier kann man mit einem Tens-Gerät oder einem EMS-Gerät arbeiten. Der Spieler bekommt Elektroden aufgeklebt und wird mit kleinen transkutanen Impulsen angeregt.
Die elektronischen Anregungen kann man auch gut mit Aufgaben verbinden, zu einem Ratespiel nehmen oder für Punkt 33. Anstatt das die Mitspieler mit der »Blinden Kuh« sprechen, wird sie durch Impulse ans Ziel geleitet.

30. Konsum/Kaufen

Es gilt einkaufen zu gehen – aber natürlich nicht schön gemütlich alleine. Nein. Es müssen die Dinge besorgt werden, die der Aufgabensteller auf eine Liste geschrieben hat – der per Telefon mitteilt.

Das kann ein schöner BH sein, Reizwäsche in einer bestimmten Farbe, besonders dünne HighHeels oder schöne Strümpfe. Anprobierte Teile können zum Beispiel fotografiert werden und per Handy verschickt werden bis der Befehlsgeber zufrieden ist.

Natürlich können andere Leute in die Aufgabe mit einbezogen werden. Die Verkäuferin bietet sich an, aber auch andere Kunden, die um ihre Meinung gefragt werden müssen.
Eine weitere Aufgabe in diesem Spektrum kann es sein, Kondome in der Apotheke zu kaufen. (Mit Beratung!)

Oder im Fachmarkt einen schmucken Vibrator, einen Umschnalldildo oder etwas, was ihr vielleicht schon immer haben wolltet und wobei die Hilfe eines Fachmanns /einer Fachfrau von Nöten ist.

31. »Verwöhntag«

Bei dieser Version eines Verwöhntages lässt sich der Aufgabenempfänger komplett auf den Aufgabensteller ein. Er lässt sich duschen, baden oder einfach nur waschen. Auch das Anziehen, das Schminken und Haaremachen werden für ihn erledigt.

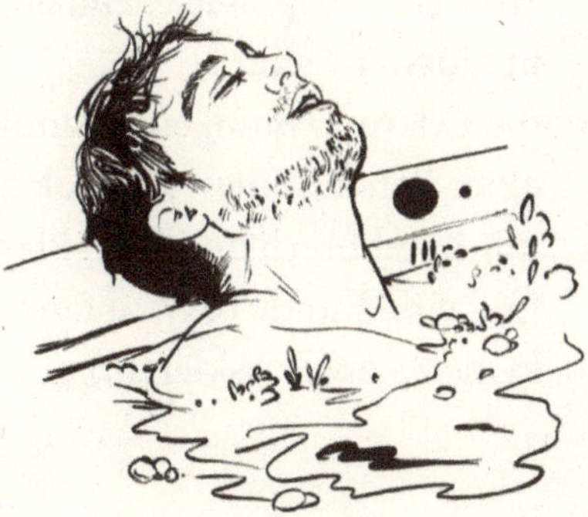

Natürlich kann man diese Aufgabe auch spiegeln: Dann ist die Aufgabe genau umgekehrt herum und der Aufgabensteller ist derjenige, der alles gemacht bekommt.

Zur Steigerung kann man zum Beispiel den Mann in der Gleichung schminken und ihm Frauenkleider anziehen – oder die Frau in typische Männerkleidung stecken.
Denkt dabei unbedingt an HighHeels und Strümpfe oder hochgestecktes und verborgenes »Männerhaar«.

Und wer es noch eine Stufe schwieriger möchte kann sich so auf eine entsprechende Party, in einen geeigneten Club oder in andere geeignete öffentliche Gefilde trauen.

32. Öffentliches

Hier wird man öffentlich von Außen gesteuert. Das kann durch eine vorher ausgehändigte Aufgabenliste geschehen, im Rahmen eines Tages- oder Wochenplans, aber auch als Einzelaufgabe.

Hier kann verlangt werden in Alltagskleidung auf den Markt zu gehen oder auf einen öffentlichen Platz

- und dann dort eine kurze Lesung zu halten. (Solltet ihr eine erotische Textpassage nehmen, achtet darauf, dass keine Kinder in Hörweite sind.)
- die Sklavenstellungen aufzuführen.
- einer Banane einen Blowjob zu verpassen.
- mit Kopfhörern und MP3 Player »bewaffnet« stehenzubleiben und eine Runde sexy zu tanzen. (Nicht zu sexy, wir wollen ja keine Anzeige riskieren.)

33. Blinde Kuh und andere »Harmlose Kinderspiele«

Jeder kennt sicher noch die »guten alten« Kinderspiele, bei denen man mit verbundenen Augen harmlos nach Schokolade u.ä. gesucht hat und dabei von den anderen Mitspielern angefeuert wurde. Man bekam Tipps wie »Heißer« oder »Kälter« (z.B. Topfschlagen) oder durfte den anderen kurz berühren (Blinde Kuh).

Hier bedienen wir uns bei diesem Grundprinzip und passen es an unsere Oberthemen BDSM, Sex und Strafe an.

Die leichte Option dieser Aufgabe wäre dann: An der Seite des

Aufgabenstellers mit verbundenen Augen ins Kino zu gehen (wahlweise auch in das Theater, die Oper oder eine andere Veranstaltung).

Topfschlagen und Blindekuh kann man hervorragend im Mehrspielermodus spielen; die Aufgabe kann es hier sein, eine bestimmte Person zu finden. Oder durch die Berührungen der anderen erraten, wer es ist – diese Person scheidet dann bis zum Spielende aus. Gespielt wird solange, bis nur noch ein anderer Spieler übrig ist.

8. Outdoor

Das Wort ist selbsterklärend und damit wohl auch der Punkt, unter den die folgenden Aufgaben fallen. Sie finden draußen statt.

Und alles, was draußen stattfindet, ist automatisch mit einer gewissen Wahrscheinlichkeit versehen, bei der Aufgabe ertappt oder beobachtet zu werden. Also gilt es hier immer aufzupassen, dass es entweder keine Zeugen gibt, oder entsprechende Personen Eingeweihte oder Gleichgesinnte sind.

Schließlich will sicher niemand eine Anzeige wegen Ruhestörung oder »Erregung öffentlichen Ärgernisses« riskieren, oder?

34. Auto

Das Auto eignet sich als Ort zahlreicher Aufgaben. Der Spieler fühlt sich einerseits noch sicher, da es sich bei dem Fahrzeug um sein erweitertes Reich handelt und man ist ein wenig vor neugierigen Blicken geschützt.

Trotzdem ist man semi-draußen und – je nach Uhrzeit und gewählter Route – exponiert.

Wer also ein wenig schüchtern ist, was Handlungen außerhalb eines geschützten Hafens betrifft, kann sich erst einmal zu später Uhrzeit auf menschenleeren Strecken herumfahren lassen oder selbst fahren. Und sich erst dann an Landstraßen, Autobahnen und die Stadt heranwagen.

Beweisfotos sind hier bei Fahrten, die allein stattfinden eine Selbstverständlichkeit. Schließlich will der Aufgabensteller ja sehen, dass der andere Spieler seine Befehle befolgt.

Was können das für Befehle sein?

- Man kann dem anderen beauftragen, nur mit einem Mantel und Schuhen bekleidet zu fahren. Später wird dann der Mantel geöffnet oder ganz auf ihn verzichtet.
- Auch Fahren in Dessous ist eine schöne Variante, genau wie der Gebrauch von einem oder mehrerer Plugs oder anderer Spielzeuge wie zum Beispiel Nippelklemmen.
- Wenn der Spieler Beifahrer ist, kann die Aufgabe lauten sich selbst zu befriedigen. (Wir verzichten hier auf die Belehrung, dass es als Fahrer nicht klug ist, sich zu befriedigen oder befriedigen zu lassen. Das ist wohl selbsterklärend!)
- Auch Rastplätze eignen sich für Spiele im Auto. Hier kann sich auch der Fahrer erleichtern oder erleichtern lassen.
- Aber auch ansonsten sind Rastplätze spannende Spielorte: In ganz Deutschland gibt es einschlägig bekannte Park- und Rastplätze (einfach mal im Internet schauen), auf denen man problemlos interessierte Mitspieler finden kann – oder Zuschauer. Also egal, ob ihr eure Aufgabe auf andere Leute ausweiten wollt, die Aufgabe einfach »nur« das Vorführen in Dessous auf dem entsprechenden Platz ist oder ihr gleich nackt kommt, hier warten fast rund um die Uhr Männer, Frauen und Paare darauf, Gleichgesinnte zu finden oder einen Mitspieler überlassen zu bekommen.
- Kennt ihr diese Filme, in denen eine Person in knappen Höschen und TankTop oder gleich im Bikini, ein Auto einschäumt, sich darauf räkelt und eher einen Waschporno aufführt, als zu säubern?

Spielt es nach!

Der Aufgabensteller kann dabei Fotos machen. Im Auto sitzend, aber natürlich auch von Draußen.

Ist allein aufgrund der Blicke der Nachbarn lohnend und kann auch in einer Waschstraße (zum Selbstwaschen) erledigt werden.

35. Die Umkleide

Sex in der Umkleidekabine gehört wohl zu den Ideen, die den meisten von uns im Kopf herumspuken. Sei es durch Filme oder durch Bücher, in der Fantasie liest sich das meistens toll.

In der Realität ist davon abzuraten, da die Kabinen zu klein sind, zu hell, man in dem Licht und den Spiegeln immer irgendwie unschön ausschaut – außerdem rechnen die Verkäufer damit, da es eben eine Allerweltsfantasie ist.

(Nicht umsonst gehen die Vorhänge nicht ganz bis unten. Man kann sehen, wenn mehr als eine Person in der Kabine ist … oder die zwei Menschen etwas anderes tun, als sich umzuziehen.)

Aber trotzdem bleiben noch genug Aufgaben über. So kann man hier zum Beispiel schöne Kleider, aufreizende Wäsche oder

Strapse etc. anprobieren und sich dabei selbst in verführerischen Posen fotografieren.

Auch Selbstbefriedigung in der Kabine kann eine Aufgabe sein.

Genau wie die leise Selbstbestrafung: Sich selbst nackt ausziehen und solange warten, bis der Aufgabensteller anruft und einen freigibt. Sich selbst mit Klemmen versehen (primäre oder sekundäre Geschlechtsteile) und Fotos machen – oder auf den erlösenden Anruf warten.

Nehmt lieber nicht die Umkleidekabine eures Sportvereins. Es ist schwer bei dem Gestank von Käsefüßen oder Schweiß auf Touren zu kommen.

36. Paßbildautomat

Ein Paßbildautomat ist ähnlich wie eine Umkleide – nämlich geschützt. Riecht aber (meistens) deutlich besser.

Allerdings ist sie eher semi-öffentlich. Da der Vorhang (aus gutem Grund) nicht bis unten geht und auch jederzeit geöffnet werden könnte, bieten sich hier Spiele an, die trotzdem durch den Sichtschutz vor neugierigen Blicken versteckt bleiben.

Die Aufgabe könnte es also sein, sich selbst oben ohne zu fotografieren – mit sinnlicher Unterwäsche bekleidet oder ganz nackt.

Auch Fotos, auf denen man zu sehen ist, wie man einen Dildo oder Vergleichbares bläst, leckt oder verwöhnt, sind denkbar.

37. Im Wald

Auch hier bietet sich eine große Palette an interessanten Spielmöglichkeiten, da man zwar nicht mehr in den geschützten, eigenen vier Wänden ist, aber (meistens) immer noch allein und durch den natürlichen Sichtschutz von Bäumen und Unterholz geschützt.

Aufgaben können von peinlich (nackt ausziehen und so den Spaziergang weiterführen) über beschämend (Urinieren vor dem Aufgabensteller) bis hin zu schmerzhaft (nackt neben einem Ameisenhaufen liegen bleiben)

Achtung!
... achtet darauf, dass die Ameisen unversehrt bleiben und nicht in Körperöffnungen krabbeln).

Natürlich könnt ihr auch eine große Anzahl der unter Punkt 25 beschriebenen Tunnelspiele nehmen und die naturgegebenen Dinge nutzen. Zum Beispiel Kastanien oder Brennnesseln. Falls ihr den Brennnesselslip schon hattet, nehmt doch einfach »nackt ein Brennnesselfeld durchqueren« als Aufgabe. Auch Bottom nackt auf den Boden zu befehlen und mit Brombeerranken zu bedecken, so dass diese bei jeder Bewegung pieksen, kann sehr reizvoll sein.

Achtung!
Bitte nach dem Ausflug euren Körper gründlich auf Zecken und -bisse absuchen!

38. In Feld und Wiese

Auch in Feld und Wiese findet man anregende Reize. Egal ob man frisch geschnittenen Hafer (am Stengel) als Schlagwerkzeug nutzt, oder ob man die Aufgabe stellt, nach der Ernte über die Stoppeln des Feldes zu rollen oder sich dort hinzulegen.

Während der eine mit dem Rücken auf den harten Resten der Ernte liegt, kann der andere sich eine bequeme Unterlage nehmen und sich mit dem Liegenden vergnügen.

Apropos Vergnügen: Maiskolben eignen sich auch hervorragend für erotisch-exotische Spiele.

Auch nackt im Regen tanzen oder strippen kann eine wunderbare Aufgabe sein – vor allem weil man nie weiß, ob man nicht gerade beobachtet wird.

Eine andere sehr schöne Aufgabe kann es sein, nackt auf dem Boden zu liegen und mit Schnecken bedeckt zu werden. Genau! Schnecken. Die bewegen sich langsam und die meisten von uns würden sowohl die Tiere als auch ihr Sekret als »nicht so ganz schön« bezeichnen. Aber da muss man nun durch!

Regenwürmer eigenen sich ebenfalls: Entweder dieselbe Aufgabe wie oben, oder den Slip anfeuchten und im Slip platzieren. Das Hin- und Herwinden der Tiere wird kaum zum Aushalten sein!

Achtung!
Wenn ihr die Tiervarianten nehmt: Bitte im Schatten spielen und die Tiere hinterher unbeschadet zurück ins Gras setzen …

39. Im Club

Hier nehmt ihr bitte keinen »normalen« Musikclub oder eine Disko, sondern etwas passenderes. Zum Beispiel einen SM- oder Swingerclub oder sonstige geeignete Veranstaltungen.

Hier eignen sich Aufgaben wie:

- anderen Leuten zur (erotischen) Verfügung stehen. (Vorher eigene Grenzen setzen/setzen lassen!)
- ihr könnt den anderen Voyeur spielen lassen; bei anderen Paarungen oder während ihr euch anderweitig vergnügt.
- aber ihr könnt es auch zur Aufgabe machen, beim eigenen Miteinander eine bestimmte Anzahl an Voyeur anzulocken und zum Bleiben einzuladen.
- vielleicht traut ihr euch an einen anonymen Fick heran? Gefesselt auf einem Gyn-Stuhl mit verbundenen Augen? Oder während ihr am Pranger festgemacht seid und nicht sehen könnt, was hinter euch geschieht?
- oder darf es gar ein anonymer Gangbang sein? Da bietet sich zum Beispiel der Darkroom an. Diese dunkle Spielwiese gibt es in jedem guten Swingerclub.

Spiel-Modus mit Fremden:

Hier eignen sich besonders am Anfang private Feiern; später auch ein tolerantes Pornokino, eine Erotikmesse wie die Venus in Berlin oder eine der kleineren Genre-Messen.

Bottom kann nackt oder in Dessous oder aufreizender Kleidung bekleidet flanieren. Nun könnt ihr Bottom »betteln« schicken. Dabei bleibt es euch überlassen, ob ihr dieses Betteln mit der Option verbinden, dass Bottom dem Geldgeber etwas »geben« muss (z.B. einen Kuss) oder ob der edle Spender Bottom für 10 Sekunden (überall?) berühren darf.

40. In der Sauna

Dadurch, dass hier viele Menschen an einem warmen Ort zusammen sind, kann man hier schon an normalen Tagen auf erotische Gedanken kommen.

Als Einsteigervariante bieten sich hier natürlich der gut ausgestattete Swingerclub an oder eine »SM-Sauna«. Vielleicht gibt es in eurer Nähe auch eine normale Sauna, die einmal im Monat einen versauteren Thementag hat?

Intimpiercings sind – je nach Platzierung – schon ein Hingucker. Falls ihr (noch) keine habt, kann man auch welche aufkleben oder entsprechende Klemmen benutzen.

Auch offensichtliche Erotikspielsachen kommen als Aufgabe in der Sauna gut. Brustwarzenklammern zum Beispiel, oder dekorative Oberkörperketten (Achtung! Können in der Sauna natürlich gut heiß werden. Hier ist die Dampfsauna die beste Alternative.)

Probiert doch einmal aus mit einem schönen Plug in Vagina und/ oder Anus in die Sauna zu gehen.

(Aber immer schön »Erregung öffentlichen Ärgernisses« im Hinterkopf behalten.)

Achtung!
Bitte trinkt vorher ausreichend und achtet auf euren Kreislauf.

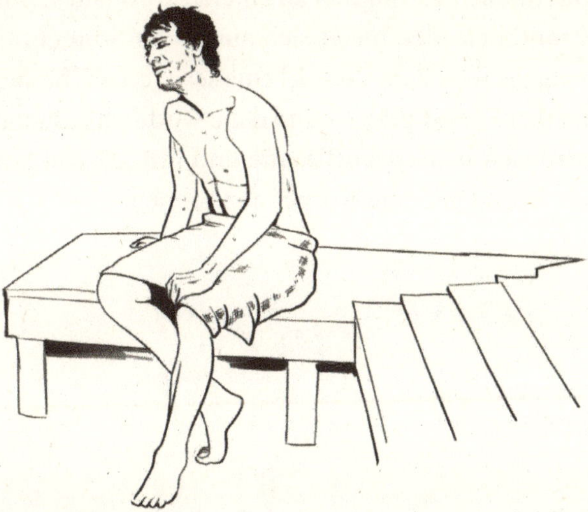

41. Am Strand/See

Auch der Strand am Meer oder das Ufer eines Sees kann sich gut für Aufgaben eignen.

Man kann hervorragend die bereits besprochene Punkte nehmen (Brennnesseln gibt es auch häuftig in Seenähe, ebenso Ameisenhaufen) oder ganz neue.

- das klassische Einbuddeln im Sand kann zum Beispiel nackt erfolgen oder so, dass der Eindruck entsteht, die vergrabene Person sei unbekleidet (einfach nur den bekleideten Bereich eingraben).
- statt sich schamhaft in einer Kabine umzuziehen oder das Handtuch als Versteck zu nutzen, legt man einen Badessestrip hin.
- man nutzt den Schutz der klassischen Strandmuschel aus, um den anderen Oral zu verwöhnen. (Schutz ist hier schon so gemeint, besonders wenn Kids anwesend sind. Es ist okay, wenn die anderen Menschen vermuten können, was in eurer Muschel/Zelt vor sich geht, aber mehr sollte es nicht sein.)

- Da ihr euch vermutlich an einem exorbitant schönen Tag am Strand befindet, bietet sich auch »der Sonnebrand« an. Als Aufgabe wird zum Beispiel eine sexy (oder alberne) Schablone auf den Körper gelegt – und dann wird sich gesonnt. Das Motiv wird sich je nach Vorbräune und Einsatz von Sonnencreme am Abend auf dem Körper abzeichnen.

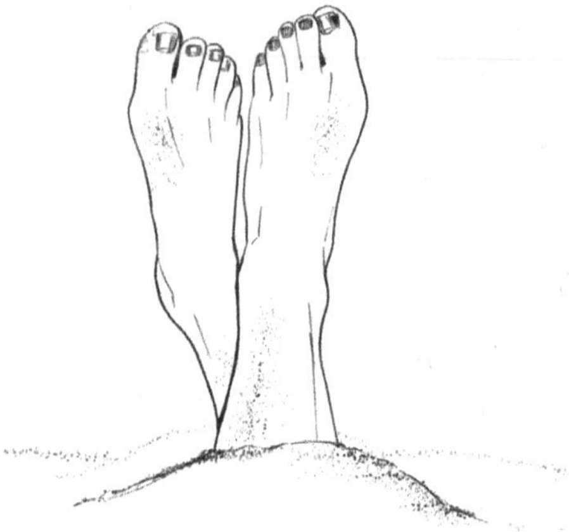

9. Kreatives

Unter »Kreatives« kann man sich austoben und jedwede Kunstform ausprobieren. Von Töpfern bis Bildhauen, über Malen bis hin zum Fotografieren steht euch frei die nächsten Aufgaben auszulegen und zu variieren oder mit eurer Lieblingskunst zu verbinden.

> *Lesetipp:*
> *»(K)ein Drummer zum Küssen« von Jennifer Schreiner. Hier gibt es einen Haufen Anregungen, da sich die beiden Protagonisten ein kreativ-ästhetischen BDSM-Wettkampf liefern.*

42. Abdrücke

Um Abdrücke vom Körper beziehungsweise von Körperstellen zu machen eignen sich Wachs oder Gips.

Wachs hat gleich zwei Vorteile: Es ist heiß und es erkaltet schnell, so dass ihr den Abdruck flott bekommt. Aber gerade Letzteres muss ja gar kein Vorteil sein, da wir ja ein Buch über Strafen und Aufgaben schreiben. Warten und Geduld in Kombination mit einer gewissen Portion an Erregung kann also durchaus schon die Aufgabe sein :-)

Aber erst einmal langsam!

Beide Varianten können entweder allein oder mit dem Aufgabensteller erledigt werden. Möglich ist es natürlich auch, einen Mitspieler oder eine Person des Vertrauens dazu zu holen, die helfen darf.

Wichtig ist es beim Wachs auf die Kerze zu achten. Nehmt auf keinen Fall Bienenwachskerzen und prüft vor Anwendung die Temperatur an einer nicht ganz so empfindlichen Körperstelle. Am besten dem Handrücken. Oder ihr nehmt gleich Kerzen aus dem Fachhandel.

Welche Körperstellen eignen sich?

- Brustwarzen und Brüste
- Anus (Es geht nichts über eine schöne Wachsrosette)
- primäre Geschlechtsteile wie Penis; die Lustlippen der Frau, aber auch die gesamte Scham inklusive Kitzler

Den erregierten Penis in Gips zu verewigen kann eine ganze Weile dauern. Hier ist die Aufgabe, die Spannung zu halten – und betrifft vielleicht nicht nur den Mann ;-)

43. Lesung

In einem erotischen Buch zu lesen kann eine Menge Spaß machen. Auch das laute Vorlesen hat seinen Reiz. Egal, ob man es allein, zu zweit, zu dritt oder als Gruppe macht.

Hierzu kann man entweder das allabendliche Lesen zur Aufgabe machen oder sich einmal die Woche verabreden. Selbstverständlich kann man es auch am Telefon oder per Bildtelefonie praktizieren.

Sucht euch schöne Kurzgeschichten aus, Novellen oder einen ganzen Roman. Je nachdem, was ihr am liebsten mögt.

Natürlich könnt ihr auch alles, was unter Punkt 46 geschrieben wird nutzen und euch hier laut vorlesen lassen.

Lesetipps
Kurzgeschichten: Von Lilly An Parker »Heiß« und »Heißer« oder »Himmlisch heiße Lustbarkeiten«. In Letzterem findet ihr auch gleich interessante und anregende Rezepte .
Novellen: Die Office-Escort Reihe, beginnend mit »(K)ein Rockstar zum Küssen«
Romane: Alle Erotikromane aus dem Elysion-Books Verlag, besonders »Insel der Lust« und »Fick mich – wenn du kannst«

44. Bildhaftes

Egal, ob ihr hier euren eigenen Porno dreht oder euch auf sinnliche Fotos »beschränkt« hier ist alles erlaubt, was euch anmacht und auf (bewegten) Bildern festgehalten werden kann.

Ihr könnt die anderen Punkte als Inspiration nehmen und die entsprechenden Spiele oder deren Ergebnis in dieser Aufgabe festhalten.

Dabei spielt es keine Rolle, ob ihr ästhetisch ansprechende Bilder oder Filme macht, euch auf schwarz-weiß beschränkt oder alles knallbunt aufpimpt.

- Die Aufgabe kann hier der Dreh oder das Shooting an sich sein.
- Ihr könnt aber auch einem Drehbuch folgen oder einem Plan.

Lasst eurer Fantasie freien Lauf und schreibt in kurzen oder detaillierten Worten auf, was zu tun ist.

- Natürlich kann man auch Verführung- und Sexszenen nachspielen. Hier kommt es dann auf die genaue Umsetzung an.

45. Körperkunst

In dieser Aufgabe geht es darum, den Körper zu beschriften. Dazu benötigt man entweder Bodypainting oder einen Stift, der nur unter Wasser und mit Einsatz von viel Seife und Rubbeln zu entfernen ist. (Zum Beispiel einen Faserschreiber.)

- Ihr könnt zum Beispiel eure sinnlichen Lieblingszitate aus erotischen Romanen nehmen.
- Auch alles, was ihr unter Punkt 46 ausarbeitet, eignet sich für diese Aufgabe.
- Genausogut kann man aber auch auf einer Feier unter Gleichgesinnten (SM-Club, Swingerclub, Messen …) Freunde oder

auch Unbekannte ansprechen, damit die sich auf dem Körper »verewigen«.

- Natürlich kann man hier auch variieren und die Aufgaben flexibel gestalten: Schöne und sinnliche Zitate und Sprüche, Ein-Wort-Beschreibungen, Schimpfworte mit Bezug zum BDSM oder zum Sex sind genauso denkbar wie Dinge, die der jeweilige Schreiber gerne mit dem Beschrifteten anstellen würde.

Ein Tattoo gilt auch als Körperkunst, aber davon ist – zumindest in dieser Aufgabe – abzuraten.

46. Schriftliches

Bei dieser Aufgabe setzt natürlich niemand voraus, dass ihr ganze Bücher oder Aufsätze schreibt und veröffentlicht – aber eure, beziehungsweise die des Aufgabenerfüllers, Fantasien oder Taten sollten hier schon anregend zu Papier (oder PC) gebracht werden. Wenn ihr wollt, könnt ihr euch auch einen Blog zulegen und das Ganze öffentlich (anonymisiert!) machen.

Und tatsächlich gibt es eine ganze Menge Aufgaben, die unter diesen Oberpunkt fallen und zu spannenden Spielen genutzt werden können:
- die Sexpartnerliste: Bitte legt eine detaillierte Liste aller Freunde oder Freundinnen inklusive der Sexvorlieben, die mit denen ausgelebt wurden, an.
- Eure Neigungsliste: Was macht euch an, was nicht. Bitte beschreibt hier auch gerne den ein oder anderen Punkt ausführlich
- Eine Wunschfantasie: Wie möchtet ihr gerne einmal »rangenommen« werden. (Kann man auch ausweiten und als »Top Ten« verlangen.)
- Eure Masturbations-/Selbstbefriedigungsfantasie: Beschreibt bitte detailiert eure liebste Fantasie, auf die ihr euch bei der Selbst-

befriedigung konzentriert. (Auch hier kann man eine »Top Ten« verlangen.)

- Das Orgasmusbuch: Bitte legt ein Buch an und haltet in diesem fest, wann und wo es zum Orgasmus gekommen ist. Vergesst nicht aufzuschreiben, wie es dazu kam. Seid hier so genau wie möglich, beschreibt Praktiken und Kombinationen, eventuell gestellte Aufgaben etc. Auch könnt ihr mit Fotos oder Skizzen arbeiten.
- Die Entjungferung: Bitte beschreibt hier genau, wie ihr das erste Mal erlebt habt. Bitte beschränkt euch dabei nicht auf die Fakten, sondern berücksichtigt auch eure Gefühle und Gedanken, den Ablauf und euren Partner.
- Das Lust-Tagebuch: Bitte lege ein Tagebuch an, indem du jedesmal aufschreibst, wann und wo du Lust auf Sex hattest. Das ist relativ schwer, denn angeblich denkt man alle paar Minuten an Sex. Aber hier geht es um konkrete Fantasien, die man im Laufe des Tages hat. An welchem Ort hattest du diese Fantasie und mit wem? Was habt ihr paktiziert?

  (Kann man übrigens auch per Handy verschicken, damit der andere immer »live« dabei ist :-)
- Eure krasseste Fantasie: Was soll geschehen? Mit wem? Wo? Und wie? Was macht diese Fantasie krasser als eure Wunschfantasie?
- Der aufregendste Sex: Wann? Wo? Mit wem? Wie ist es abgelaufen? Warum war er aufregend?
- Die Beschreibung: Beschreibt eine Szene aus einem Pornofilm oder Erotikbuch; entweder schreibt ihr einen fiktiven Text oder rezensiert den Film oder das Buch und schreibt eine Besprechung. Natürlich könnt ihr es auch verbal beschreiben oder euch beschreiben lassen.
- Die Befragung / »Mehrspielermodus«

  Die Befragung eignet sich besonders gut für eine Spielrunde mit mehreren Spielern, die sich entweder gar nicht (noch nicht :-) kennen oder sehr gut. Das eine ist sehr peinlich, das andere eher spannend. Aber auch, um eine neue Bekanntschaft oder gar Liebschaft richtig gut kennenzulernen, ist die »peinliche Befragung« sehr geeignet – und eigentlich eine Variante von »normalen« Fragen, die sich Paare so beim dritten Date stellen. Allerdings sind die Fragen hier deutlich persönlicher und intimer. (Also eher wie die erotische Variante von dem Spiel »Wahrheit oder Pflicht«, nur dass man die Pflicht weglässt.)

Was können das für Fragen sein?

Zum Beispiel:

Wie viele Sexpartner hattest du?

Wie war der Sex mit ihnen?

Wie oft hattet ihr Sex?

Was war deine Lieblingsstellung? War sie bei jedem Partner gleich?

Was befriedigt dich?

Wo hast du gerne Sex? Was ist dein Lieblingsort? Wo hättest du gerne mal Sex?

Wie sieht dein idealer Sex aus?

Hattest du schon einmal Sex in der Öffentlichkeit?

Wie befriedigst du dich selbst? Kommst du dabei? Und wie oft befriedigst du dich?

Was macht dich an? Was ist ein »Geht-gar-nicht«?

Was war das Seltsamste, was dir in Zusammenhang mit Sex und Erotik je passiert ist?

Auf welchen Typ Partner stehst du optisch? Und charakterlich?

Was magst du an deinem Körper? Was nicht?

Wie groß ist dein Schwanz? Wie ist der Durchmesser? Wahlweise natürlich: Ist deine Vagina eher groß oder klein? Beschreibe deine Schamlippen und deine Klitoris! Wie ist deine Brustgröße? Und deine Tampongröße?

Wie viele Pornos hast du?

Magst du Dildos oder Vibratoren? Was sind deine Erotik-Spielzeuge?

Wann war dein erster Kuss, dein erster Oralverkehr, dein erstes Mal, dein erster Analverkehr?

Hast du schon einmal einen gleichgeschlechtlichen Partner geküsst? Oder mit ihm oder ihr Sex gehabt?

An was denkst du beim Sex?

Bist du beim Sex laut oder leise?

Hast du schon einmal über einen Dreier nachgedacht oder gar einen gehabt?

War du schon mal im Swingerclub? SM Club?

Hast du schon einmal über einen längeren Zeitraum probiert »Vanilla« zu leben?

Welche Sexstellungen hast du probiert?

Schluckst du Sperma? Magst du Spermaküsse?

Hast du schon einmal einen One Night Stand gehabt? Wenn ja, wann und wie viele?

Hast du als Mann schon einmal dein eigenes Sperma probiert oder dir als Frau den Finger in Möse gesteckt und abgeleckt?

Hast du schon mal Füße geküsst? Schuhe?

Hattest du schon einmal Mitleidssex?

Was war dein schlechtester Sex, dein härtester Sex, dein langweilister Sex?

1. Natürlich kann man eine einzige große Mappe für alle Ideen anlegen. Oder ein Ringbuch nehmen, damit man immer wieder neue Seiten und Bilder eingeheften und Ergänzungen vornehmen kann.
2. Jeder der genannten Vorschläge eignet sich natürlich dafür, in Aufgabe 45 eingebaut zu werden.

- Der Liebesbrief: an den anderen schreiben und besonders berücksichtigen, was man an ihm mag, schätzt und liebt. Bitte beschränkt euch hier nicht auf die reine Erotik, sondern haut einen echten, altmodischen Brief raus. Kann gerne als »echter« Brief verschickt werden, aber auch ein virtuelles Verschicken ist möglich.

Variante: Erotischer Brief, erotisches Gedicht, Liebesgedicht

Kann man auch gut als Jahresaufgabe machen und jeden Monat auf einer schönen Postkarte verschicken.

47. Fotos

- Ihr könnt eine Fotosession bei einem Fotograf eures Vertrauens buchen – viele bieten Aktfotografie oder erotische Bilderserien an.
- Aber natürlich könnt ihr auch selbst sinnliche Fotos machen.
- In euren eigenen vier Wänden, aber auch draußen in der Öffentlichkeit. Hier könnt ihr – je nach Ort eurer Wahl – schöne Fotos von euren Füßen machen, nackt oder in Heels. Von oben nach unten am Körper hinab oder anregende Unter-Rock-Bilder.
- Ihr könnt sogar andere Person einbeziehen und sie bitten ein Bild von euch zu machen. Dabei gebt ihr dann zum Beispiel einen Blick auf eure halterlosen Strümpfe preis.
- Neben den schon erwähnten Sex- und Pornobildern könnt ihr Fotos von euch beim Fremdgehen machen oder vom erkunden fremder Haut.

- Ihr könnt Dildofotos machen: Wie ihr den Dildo vorbereitet, ihn einführt, ihn benutzt und wie er hinterher ausschaut – und ihr :-)
- Im Winter oder am (Sand)Strand könnt ihr nackte Engel in den Untergrund drücken und davon Fotos machen. Mit euch, ohne euch – wie ihr nach dem Engel ausschaut.
- Auch Fotos von Strafen bieten sich an. Wenn ihr eine der bisher beschriebenen Spiele zur Aufgabe bekommt, macht doch einfach mal Vorher-Nachher-Fotos. Die bieten sich zum späteren Verschenken an, oder als Erinnerung.

Fotos kann man generell dazu nutzen, Tagebücher oder Erinnerungshefte aufzumotzen und schön zu gestalten.

10. Ästhetisches

»Ästhetisches« ist neben »Kreatives« unsere Lieblings-Strafen-Aufgaben-Form, da wir anscheinend sehr visuelle Menschen sind.

Natürlich haben auch alle anderen Aufgaben ihren Reiz, aber die meisten lassen sich ohnehin mit einem der beiden genannten Punkte unter 9 oder 10 verbinden und z. B. mit Hilfe von Fotos fixieren und aufbewahren. So hat man immer wieder schöne Anregungen oder Erinnerungen an tolle Aufgaben und Spiele.

48. Bodypainting

Für den Anfang kann man sich selbst geeignete Farbe zulegen (Internetshops) und passende Pinsel. Wer mag und kann, darf natürlich auch mit den Fingern malen :-)

Probiert doch einfach einmal aus, ob ihr Dessous aufmalen könnt, oder ein schönes Oberteil. Versucht dabei Wert auf Details zu legen und das Top so echt wie möglich wirken zu lassen.

Wenn (Falls) ihr mit dem Ergebnis zufrieden seid, könnt ihr euch ja einmal so unter die Leute wagen. Erst unter Freunde oder bei geeigneten Treffes oder tolerante Clubs – aber später ist hier auch ein Stadtbummel denkbar.

Selbstverständlich muss man nicht beim Top aufhören. Ihr könnt auch ein Ganzkörperkunstwerk kreieren und euch so auf eine Messe wagen.

Wer auf Nummer Sicher gehen will, kann hier ja auch Dessous oder Unterwäsche tragen und diese farblich anpassen – oder ebenfalls bemalen /bemalen lassen.

49. Wunderkerzen

Wunderkerzen sehen schön aus, sind günstig und man bekommt sie leicht.

Außerdem sehen sie auch in Kombination mit erotischen Spielen super aus.

Eine Aufgabe mit diesen funkensprühenden Kerzen ist einfach und effektiv. Man platziert eine nackte Person an einem (feuerfesten!) Ort seiner Wahl und lässt sie die Arme spreizen oder nach oben strecken. Die Beine sind leicht gespreizt.

Nun entzündet man die Wunderkerze und fährt mit ihr so am Körper entlang, dass die kleinen Funken zwar die Haut berühren, aber so von ihr abprallen, dass keine Verbrennungen entstehen, sondern nur die Hitze als Schmerzreize wahrgenommen wird. Das heißt, vier oder mehr Zentimeter Abstand zur Haut!

Trotzdem kann es natürlich zu kleinen roten Flecken kommen.

Achtung!
Haltet die Wunderkerzen von Haaren fern – auch von Schamhaaren.

50. Kerzenfesseln

Eine sehr schöne Variante der Auspeitschung/des Schlagens.

Hier legt sich Bottom mit dem Bauch nach unten auf den Boden und streckt die Arme vom Körper weg. Die Beine werden soweit gespreizt, wie Top es gerne hat.

Dann platziert Top angezündete Kerzen um Bottom herum. Dicht genug, dass sie bei einer Bewegung umfallen, aber nicht so dicht, dass Bottom sich verbrennt.

Nun muss Bottom still halten, egal, was da kommt. Und kommen kann neben diversen Schlagwerkzeugen natürlich auch Wachs oder Eis, ein Wartenbergrad, ein Massageball uvm.

Natürlich kann man hier auch ein Ratespiel einbauen, so dass Bottom erraten muss, was Top gerade in der Hand hält.

Aber das eigentliche Ziel der Aufgabe ist es, stillzuhalten. Oder eben auch nicht.

Doch wenn Kerzen fallen – und das werden sie – wartet schon eine vorher definierte neue Strafe … oder mehr Schläge :-)

Wem das als »Schlag-Aufgabe« noch nicht reicht … Ihr könnt Bottom auch knien oder hocken lassen. Sehr gefüllte Wassergläser in beiden Händen und das Wasser darf bei dem Spiel (egal ob mit Schlagwerkzeugen, Wachs oder Eis o. ä.) nicht verschüttet werden. Nicht ganz so hübsch, aber Spaß macht es trotzdem.

51. Ich bin ein Kunstwerk

Kunstwerke sind generell eine herrliche Inspirationsquelle. Egal, ob man nur Teile von ihnen übernimmt, sich von ihnen anregen lässt oder sie komplett nachstellt.

Hier könnt ihr eine Skulptur nehmen (oder eine ganze Ausstellung), Fotos, Bilder etc.

Ihr könnt malen oder euch malen lassen: Nackt, in Dessous oder erotischer Bekleidung.

Ihr könnt Teile von euch als Kunstwerk darstellen, z. B. verschiedene Mösen- oder Schwanzbilder, als Aktmodel vor einer Kunstklasse posieren oder eine Fotoserie erstellen, auf der ihr besonders reizvolle Posen einnehmt.

Schaut euch einmal in eurer Stadt – oder der nächstgelegenen – nach einer Ausstellung oder einem Museum um oder konsultiert das Internet. Hier ist es egal, ob ihr euch an die Klassiker haltet, den Barock oder der Antike. Es gibt genug spannende Bilder, Zeichnungen und Statuen, die sinnliche Personen, freizügige Akte oder inspirierende Szenen zeigen.

Natürlich steht es euch frei, moderne Kunst zu nehmen und euch zu überlegen, ob und wir ihr eure Posen anschließend festhaltet.

Alle genannten Varianten sehen zusammen mit der Nummer 48 »Bodypainting« toll aus :-)
Und auch bunte, einfarbige oder schwarz-weiße Klammern oder Wachsverzierungen sind klasse!

52. lebende Puppe

Eine Puppe ist ein lebloser Gegenstand, hübsch anzusehen und nett zu benutzen. Aber sie kann sich nicht selbstständig bewegen oder Dinge tun. Sie kann nicht laufen, ist aber flexibel, sie ist ein Objekt, mit dem der oder die Spieler/in nach Gutdünken umgehen kann. Sie kann in Position gebracht werden, berührt und bespielt.

Auch bei dieser Aufgabe könnt ihr verschiedene Spielarten ausprobieren:

- Die Aufgabe ist es, einen Abend lang eine Puppe zu sein. Das kann nackt erfolgen, in Dessous oder spezieller Kleidung. Nun wird sie irgendwo platziert und muss reglos verharren. Ob etwas mit ihr gemacht wird, liegt nun in eurem Gutdünken.

- Wer es mag, kann die Person wie eine Puppe kleiden und schminken. Dann wird sie über eine Feier dirigiert und muss alles tun, was ihr gesagt wird. Linkes Bein vor, rechtes Bein vor, zum Stuhl gehen, sich setzen. Stellt euch vor, sie hinge an Fäden und wird durch euch gesteuert.
- Ihr könnt die Person »entpersonifizieren« und zur Puppe machen, indem ihr ihr eine Maske aufsetzt, die nur eine Mundöffnung aufweist. Stöpsel werden in den Ohren platziert, damit die Person nichts mehr wahrnehmen kann. Allerdings darf sie von Außen wie eine Puppe gesteuert, platziert und bewegt werden – und natürlich benutzt. Ihr könnt sie mit den Händen erkunden, mit der Zunge und dem Mund.

53. Kronkorken

Man benötigt für diese Aufgabe eine große Anzahl von Kronkorken. Aber die tollen Abdrücke rechtfertigen den Aufwand :-)

- Man legt die Kronkorken mit den Zacken nach oben auf den Boden. Dann legt sich die Person, die die Aufgabe zu erfüllen hat, vorsichtig mit dem Rücken auf die Korken. Dabei achtet sie sicher darauf, dass die Korken nicht direkt auf den Knochen drücken und ihr eigenes Gewicht gleichmäßig verteilt ist. Trotzdem wird diese Aufgabe sehr schnell schmerzhaft.
- Man legt die Kronkorken mit den Zacken auf einen Stuhl. Dann setzt sich die Person darauf.
- Man kann sich – je nach Schmerzempfinden – auch mit der Brust auf die Kronkorken legen. Der Effekt ist toll!

Man kann auch bei einem Online-Shop des Vertrauens eine Massagematte bestellen.
Das ist »unauffälliger« und auch zur eigenen Entspannung nutzbar – und der Effekt ist ebenfalls sehr schick anzusehen.

54. Klebe, Schröpfen und „Aderlass“

Klebe

Man kann für diese Aufgabe normales »Tesafilm« nehmen oder

auch Klebeabroller in durchsichtig oder farbig. Je nachdem, was man mag und im Hause hat.

Als Aufgabe kann man bestimmte Körperstellen bekleben oder bekleben lassen. Besonders Busen oder Penis eignen sich hier, aber auch die Schamregion der Frau ist geeignet. (Penis und Scham sollten enthaart sein … es sei denn, der Schmerz der eher unfreiwilligen Haarentfernung ist hier in die Aufgabe integriert.)

Der Penis kann schlaff oder erigiert sein. Beides macht auf seine Art Spaß.

Schröpfen

Hierfür gibt es spezielle Gläser zu kaufen. Diese werden mit kleinen Pumpen verkauft, so dass man, wenn man die Gläser auf der Haut platziert hat, einen Unterdruck produzieren kann. Dadurch werden nicht nur Haut und Fleisch »in das Glas gesogen« sondern auch das Blut wird in diesen Bereich gezogen. Es entsteht ein Schmerzreiz – und später meist an der Stelle auch ein roter oder blauer Fleck.

Natürlich kann man auch durch das Anzünden eines Feuerzeugs »im« Schröpfglas für einen Unterdruck sorgen. Sollte man aber können, denn ansonsten kann das Glas auch sehr schnell sehr heiß werden.

Aderlaß

Als Aderlaß bezeichnet man ein seit der Antike bekanntes Verfahren, bei dem einem Wirbeltier (auch dem Menschen) zu therapeutischen Zwecken Blut entnommen wird. Ursprünglich als Heilverfahren gedacht, konnte keine unterstützende Wirkung auf den betroffenen Körper festgestellt werden. Aber genug der Theorie.

Beim BDSM kann man die kleine „Blutspende“ durch Kratzen mit den Fingernägeln hinbekommen, oder man nimmt – wenn man sich zufällig im Wald befindet – Brombeerranken zur Hilfe. Zu Hause und im Rahmen der Ästhetik eignen sich

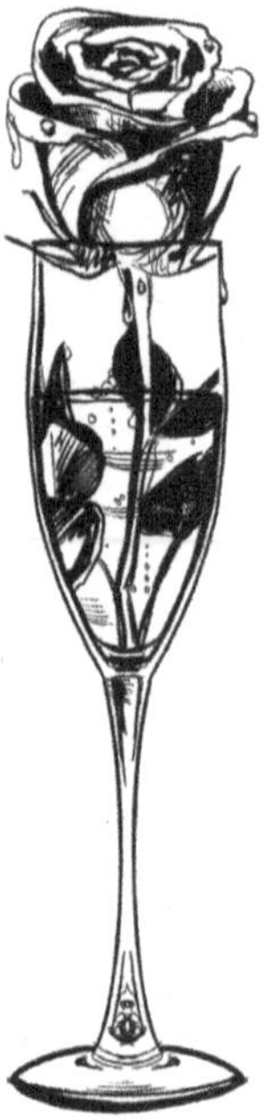

Rosen(dornen) hervorragend. Den Ort mit den Blättern dekorieren und die Stiele mit den Dornen als Schlagwerkzeug benutzen und/oder um Kratzmuster zu hinterlassen.

(Bitte hinterher unbedingt desinfizieren - und vorher darauf achten, dass die Tetanusimpfe noch aktiv ist.)

55. Folie

Ob dieser Punkt wirklich ästhetisch oder einfach nur amüsant ist, überlassen wir euch und eurer Fantasie. Und wer jetzt an den Film »Grüne Tomaten« denkt, in dem Kathy Bates versucht ihrem Liebesleben neuen Schwung einzuhauchen, indem sie ihren Mann an der Tür abfängt - in nichts als Klarsichtfolie gekleidet - liegt gar nicht so verkehrt.

Aber natürlich wollen wir nicht wie ein verpacktes Wurstbrot aussehen, sondern nur zum Anbeißen. Und deswegen sollte die Folie eng anliegen und nur das Nötigste »verhüllen« und eine Zugriffsmöglichkeit auf alle interessanten Körperteile ermöglichen.

Das genaue Gegenteil von dem, was im letzten Absatz steht. Die Folie soll zwar eng anliegen, aber außer dem Gesicht alles »verhüllen«. Das hier ist eine Schwitzstrafe der besonderen Art. Und in Beautysalons bezahlt man dafür auch noch einen Haufen Kohle.

Tipp:
Wer zu der Variante greift und seinem Bottom etwas Gutes tun will - und damit ja auch sich selbst - gönnt Bottom vorher eine

Dusche mit Peeling und anschließend das Eincremen mit einer hochwertigen Bodylotion.

56. Bondage und Fesselndes

Der Begriff »Bondage« stammt aus dem Englischen und bedeutet soviel wie »Unfreiheit« und wird als Synonym zu Fesselung benutzt, bzw. generell wird Bondage zur Einschränkung der Bewegungsfreiheit verwendet.

Somit spielt Bondage im BDSM in allen Bereichen eine Rolle, kann aber auch als eigenständige Spielart auftreten.

Bondage wird in verschiedene Praktiken eingeteilt:

a) das Zweckbondage, das tatsächlich hauptsächlich der Fesselung von Bottom dient, zum Beispiel für ein Spanking oder im Rahmen einer Aufgabe.
b) beim Wickelbondage werden besteimmte Körperteile – oder auch der ganze Körper – mit Seilen oder Folie umwickelt (Siehe Punkt 55). Wickelbondage kann bis zur »Mumifizierung« gehen.
c) das Weben (Weaving) bezeichnet eine sehr aufwendige Technik, bei der mindestens zwei Seile nötig sind, die miteinander ästhetisch verwoben werden.
d) auch das sogenannte Zierbondage ist sehr ästhetisch und dient meist zur Betonung einzelner Körperregionen und kann z. B. auf Partys anstelle von Kleidung getragen werden.
e) das japanische Bondage oder Shibari ist eher ein Gesamtkunstwerk und lässt Bottom und Seil zu einer toll anzusehenden Einheit werden.
f) das schmerzhafte Bondage (Wir möchten an dieser Stelle absichtlich nicht von Folterbondage oder Qualbondage sprechen.), das hauptsächlich dazu dient, den Betroffenen in einer schmerzhaften oder sehr anstrengenden Position zu halten.
g) das Selbstbondage. Hier ist besonders darauf zu achten, dass der Gefesselte trotzdem nicht unbeobachtet oder gar allein ge-

lassen wird. Das Risiko ist dabei nämlich groß und das »echte« Gefühl von Ausgeliefertsein kann man auch bekommen, wenn der Andere vom Nebenraum aus alles per Handy, Webcam oder Verhörspiegel überwacht.

Und hier hatten wir schon die erste Aufgabenoption :-)

Unsere kurze Einführung, in der wir zum Beispiel auch die Hogtie-Fesselung vernachlässigt haben, in der es darum geht, die Bewegungsfreiheit aufs Äußerste einzuschränken, dient vor allem dazu, einen kleinen Vorgeschmack auf die vielfältigen Optionen zu geben.

Denn selbst ohne sich mit Bondage auszukennen, kann man zumindest das Zweckbondage und das Wickelbondage selbst hinbekommen, oder als Aufgabe verlangen. Selbiges gilt für das Selbstbondage oder das schmerzhafte Bondage.

Ihr könnt aber neben der Position und der Fesselungsart auch eine bestimmte Zeitdauer vorgeben, in der Bottom gefesselt sein muss – oder eine bestimmte Form des Bondages.

Ihr könnt euch an einem Brustbondage probieren, oder Hoden und Penis schön »verbinden«.

Oder ihr legt euch ein Bondagebuch zu und übt Knoten und Schnürtechiken üben oder üben lassen.

Dabei könnt ihr euch auch selbst als Übungskörper zur Verfügung stellen. Dabei lasst ihr den Fesselkünstler haarklein beschreiben, was er macht und warum er es macht.

Oder ihr lasst den Gefesselten erzählen, wie er die Fesselung empfindet, wie fühlt sich der Strick auf seiner Haut an, der Gegensatz von kühler nackter Haut zum warm werdenden Seil?

Natürlich seid ihr nicht auf ein Seil festgelegt, sucht euch in einem Erotikshop eures Vertrauens geeignete Seile aus. Es gibt sie in unterschiedlichen Farben und Längen. Genau wie Fesselsäcke oder Ganzkörperanzüge, die im Grunde nicht unter das Bondage fallen, hier aber der Vollständigkeit halber erwähnt werden.

Ihr seht also: Bondage ist generell ein spannendes Feld und im Prinzip immer hübsch anzusehen.

Lesetipp
»Das Bondage-Handbuch von Matthias Grimme

57. Schlagen als Kunst

Wie bereits vorher beschrieben, ist Schlagen an sich bereits eine Kunst. Und zwar egal, ob man die flache Hand nimmt, oder ein Hilfsmittel.

Aber hier gehen wir noch weiter und nutzen das Schlagen, um auf dem Körper ein Kunstwerk zu erschaffen. Es geht hier also für Top nicht primär um den Schlag an sich, sondern um den Schlag in Kombination mit der anschließenden schönen Optik.

Hier kann man besonders darauf achten, saubere Handabdrücke hinzubekommen, die gewünschten Stellen anregend zu röten, oder interessante Schlagmuster auf der Haut des anderen entstehen zu lassen. Für diese Muster kann man je nach Stelle das gewünschte Werkzeug einsetzen, was natürlich Können und Wissen voraussetzt. Aber wir wollen euch nicht langweilen, das hatten wir ja bereits im eigentlichen Punkt.

Tipp:
Auch Schlagmuster sind schön mit Fotos kombinierbar. Besonders mit Vorher-Nachher Bildern :-)

11. Ungewöhnliches

Aus gutem Grund haben wir uns hier jegliche Wertung vorenthalten und nicht zusätzlich »Ekeliges« geschrieben. Aber zartbesaitete Menschen sollten dieses Kapitel überspringen, da es hier wirklich zur Sache geht und auch Dinge vorkommen, die nicht nur nicht jedermanns Geschmack sind … sie sind teilweise weit über dem, was die meisten Menschen als ihre moralische Schmerzgrenze bezeichnen würden.

Doch egal, wie man zu diesen Aufgaben stehen mag: Spaß machen sie trotzdem und wirklich verwerflich sind sie auch nicht.

Wie heißt es so schön? Geschmäcker sind verschieden und solange niemand zu Schaden kommt ist doch alles im Grünen Bereich.

58. PetPlay

Im Prinzip könnt ihr euch an dieser Stelle beim sogenannten Petplay austoben und ein Tier eurer Wahl nehmen. Vielleicht sogar eines, vor dem Bottom eine gewisse Aversion aufweist. Oder eines, das ihr besonders toll findet – oder gar sexy.

Natürlich sind manche machbarer – und sinnlicher – als andere. Aber was spricht dagegen, Bottom einen Tag lang in der Wohnung als blinder, nackter Maulwurf herumlaufen zu lassen? Wie gesagt, Geschmäcker sind verschieden.

Die wohl gängigsten Tiere sind: Hund, Katze, Pferd, Schlange.

Je nachdem wie oft und wie gerne ihr diese Spielvariante spielt oder spielen wollt, solltet ihr euch vorher auf ein Tier einigen und euch dann um einen Schlafplatz/Körbchen kümmern, um Napf und Spielzeug.

Selbst wenn ihr spontan die Strafe gewählt habt, kann man hier improvisieren: Decken auf dem Boden und einen oder zwei tiefe Teller reichen für den Anfang aus.

Und dann hat sich Bottom zu benehmen wie das Tier. Auf allen Vieren fortbewegen, Laute geben, auf Kommandos hören oder schnurren. Je nachdem, was das Tier so tut. Als Schlange muss sich Bottom windend fortbewegen, als Pferd vielleicht einen Reiter tragen.

Hinweis

Tatsächlich sind Tierspiele weit verbreitet und gerade bei Pferden gibt es neben haarigen Analplugs, die einen Schweif darstellen, sogar spezielle Schuhe, Sättel und Zaumzeug. Auch gibt es in einigen Clubs Räumlichkeiten wie Stallungen und Rennbahnen (sogar Sulkys für Trabrennen).

Natürlich gibt es auch Kostüme für die anderen Tiere – und eine ganze Szene, die sich munter im Kostüm miteinander vergnügt. Diese Furrys gibt es in »harmlos« und ohne sinnliches Vergnügen drumherum, aber eben auch die anderen. Und dort liegen am

Ende der Party Hasen, Wölfe und Bären miteinander, übereinander oder nebeneinander im Bett.

Lesetipp:
Von Ananke »In der Unterwelt«. Dort wird beschrieben, wie eine junge Frau zur Hündin wird.

59. Möbel

Hier ist die Aufgabe des Bottom eindeutig: Er oder sie wird zum Möbel, zur Utensilie, die genutzt wird – und benutzt.

Hier ist es egal, ob Bottom ein Stuhl wird, auf dem sich Top niederlässt oder einen Tisch, von dem Bottom isst. Natürlich kann Bottom auch ein Schemel sein. Top setzt sich dazu auf einen Stuhl und Bottom kniet sich so davor, dass Top gemütlich die Füße hochlegen und auf Bottom platzieren kann. Gerne auch einen ganzen Fernsehabend lang.

Eine andere, beliebte Variante ist »der Aschenbecher«. Sie ist wohl selbsterklärend, aber mit Vorsicht zu genießen. Schließlich ist Asche heiß. Wer hier auf Nummer Sicher gehen möchte, kann vorher ein wenig Sand in die zum Becher geformten Hände seines Bottom geben.

60. Fetisch

Es gibt eine Anzahl an bekannten Fetischen, aber im Prinzip kann so gut wie alles ein Fetisch werden, was uns anmacht. Egal ob hochhackige Schuhe, Schnürrstiefel, Dessous oder Füße. Aber natürlich auch Lack und Leder, Babyspiele uvm.

Hier möchten wir besonders auf die Füße eingehen, da dieses Körperteil häufig unterschätzt wird (wenn man sich zum Beispiel einmal in einer Sauna umsieht, scheinen die meisten Menschen oder doch zumindest ihre Körperpflege am Knie aufzuhören), aber zu den beliebtesten Fetischen gehört. Aber auch ganz ohne Fetisch, kann man sich hervorragend mit Füßen vergnügen.

Das beginnt beim zärtlichen Füßeln, geht über das Massieren bis hin zum Küssen und Ablecken.

Hier kann die Aufgabe also daraus bestehen, jemanden – am besten den Aufgabensteller! – unter dem Tisch eines Restaurants zu füßeln und vielleicht sogar mit den bloßen Füßen zum Höhepunkt zu bekommen.

Auch eine abendliche Fußmassage für den Aufgabensteller ist gleich doppelt super.

Aber vielleicht benötigt Bottom auch »einfach nur« eine kleine Erinnerung, wo er oder sie steht, dann helfen Schuhe- oder Fußküssen genau wie das Ablecken des Fußes. Hier ist es gleich, ob ihr gerade frisch aus der Dusche kommt oder der Fuß einen anstrengenden, schweißtreibenden Arbeitstag hinter sich hat. Er wird sauber geleckt.

Das gängige Klischee, vom Sekt aus dem Schuh trinken, kann man hier ebenso umsetzen, wie einen Fußfick. (Wenn die Dame des Hauses mit dem Fuß gefickt wird, kann man die Zehen zur Stimulation nutzen; aber es gibt durchaus auch die Variante, sich den ganzen Fuß einzuführen oder einführen zu lassen.)

Auch ein HighHeel-Fick ist denkbar. Dabei wird derjenige, wie der Name schon andeutet, mit dem Absatz des hochhackigen Schuhs gefickt. Bei einem Herren eignet sich hier der Anus, bei einer Dame bieten sich naturgegebenermaßen zwei Optionen.

61. Flüssiges

Da sind wir schon wieder bei dem »Sekt aus einem Schuh« trinken.

Aber natürlich kann man den Sekt auch direkt vom Fuß trinken. Die meisten werden sich jetzt zu Recht an den verführerischen Tanz von Salma Hayek aus dem Film »From Dusk Till Down« erinnern.

Aber auch Sekt vom Penis abzuschlürfen ist eine spannende Variante oder das Eis von einem Eiswürfel aus einer Vagina zu lecken.

Anekdote

Unsere Verlegerin, Jennifer Schreiner, hat eine Literaturausschreibung initiiert, in der es darum ging, Rezepte mit Geschichten zu verbinden. Dabei sind die Autoren und Autorinnen auf die interessantesten Dinge gekommen, von »Flutschfinger« bis hin zu »Eierlikör aus der Möse« war alles dabei. Ob ihr irgendetwas davon inspirierend findet, überlassen wir an dieser Stelle euch, bitten aber darum, nicht für irgendwelche Klebrigkeiten verantwortlich gemacht zu werden.

62. Toilette

Toilettenspiele finden viele Leute spannend.

Und tatsächlich bieten Toiletten generell viel Spieloptionen an. Das ganz das normale Säubern sein, das Säubern mit einer winzigen Bürste (z. B. Zahnbürste) bis hin das Sauberlecken des Porzellanaborts mit der Zunge. Hier sollte aber das normale Säubern oder das mit Handycap vorausgegangen sein, um sich nicht irgendwelche Keime einzufangen.

Auch zu den Aufgaben rund um das WC gehört die Variante, das Toilettenpapier zu sein und den Benutzer sauberzulecken – oder natürlich selbst als Toilette zu dienen. Aber Letzteres gehört eher in den nächsten Punkt, zu den Urin-Aufgaben.

63. flüssiges Gold

Erst einmal vorweg: Der Urin gesunder Personenenthält keine krankheitserregenden Dinge.

Natürlich können Herpesviren oder Pestbakterien durch den Urin erkrankter übertragen werden. Aber die Pest … ist eher unwahrscheinlich und wenn jemand gerade einen akuten Herpesausbruch hat, ist er erotisch ohnehin eher mit Vorsicht zu genießen.

Aber ansonsten gibt es wenig, was gegen Spiele oder Aufgaben mit dem flüssigen Ausscheidungsprodukt spricht. Wenn gewünscht, kann man sogar den Geschmack verändern – einfach vorher Kekse essen oder einen Latte Macchiato trinken und der Urin wird süßer. Auch Erdbeeren eignen sich gut. (Von Spargel gilt es eher Abstand zu nehmen.)

Auch hier ist das Aufgabenspektrum unglaublich breit gestreut:

- Man kann sich anpinkeln lassen oder jemanden anpinkel. Die getroffene Stelle ist natürlich frei wählbar und kann auch »in den Mund« beinhalten.

  Dazu sollte man eine Stelle wählen, die man gut reinigen kann (Fliesen!) oder man geht in den Garten, der ohnehin Dünger vertragen kann. Man kann das reine Anpinkeln als Aufgabe nehmen oder das Spiel ausweiten und denjenigen noch lange so stehen lassen. Wenn der Urin trocknet und der Körper zu jucken beginnt, wird es doch erst richtig spannend, oder?

Tipp: Wenn man hier als Ort direkt die Dusche nimmt oder die Badewanne, kann sich der Bepinkelte hinterher auch problemlos säubern.

- Man kann Urin auffangen und in einen geeigneten Behälter geben, um es anschließend einzufrieren – und natürlich zu verzehren oder verzehren zu lassen. Das kann in der eigentlichen Eisform geschehen, so dass man ein Eis am Stiel lutscht oder man kann – als Eiswürfel – damit wunderbar Getränke kühlen.
- Natürlich kann man Pinkel-Aufgaben auch anders gestalten, z. B. indem man der Person vorschreibt, wann sie auf die Toilette darf, von ihr jedes Mal eine Ankündigung erwartet oder sie vor einem das WC aufsuchen muss. Das kann man soweit treiben, bis die Person sich selbst einnässt.

64. Spermaspiele

Natürlich kann man für die meisten unter Punkt 63 genannten Aufgaben auch Sperma nehmen.

- Man kann Ejakulat einfrieren und als Eis nutzen (»Wasser«eis), als Eisgrundlage (dann als Speiseeis-Gemisch) und als Eiswürfel einfrieren. Während man Option eins und zwei wie Eis lutschen kann, kann man die Eiswürfel nutzen um Getränke zu kühlen.
- Man kann jemanden mit dem eigenen Ejakulat vollspritzen oder sich selbst vollspritzen lassen.
- Man kann von dem anderen verlangen, sich selbst vollzuspritzen.
- Man kann daraus eine Gruppenaufgabe machen und sich oder jemand anderen mit Ejakulat vollspritzen lassen. (Bukkake)
- Bukkake kann auch ausgewählt Körperteile treffen. Zum Beispiel das Gesicht (Cumshot) oder die Brust, den Arsch …

- Auch Ejakulat juckt auf der Haut, wenn es trocknet, was somit eine Ausweitung der Aufgabe sein kann ... oder die eigentliche Aufgabe.
- Nach einem gepflegten Blowjob kann man verlangen, dass das Sperma geschluckt wird – oder im Mund behalten. Auch ein Kuss mit dem Sperma im Mund ist denkbar. Oder ein Kuss, bei dem die Person, die den Blowjob bekommen hat, von der anderen das Sperma in den Mund bekommt und so sein eigenes Ejakulat schlucken muss (darf :-)

65. weitere Körperflüssigkeiten/Ausscheidungsprodukte

Auch andere Körperflüssigkeiten und Ausscheidungsprodukte eignen sich für spannende, anstrengende und peinliche Aufgaben.

- Man kann es zur Aufgabe machen,
- einen Tampon auszuschlecken (mit Blut, versteht sich).
- die Scham einer menstruierenden Frau sauber zu lecken oder sich lecken zu lassen.
- auf einer Party einen Slip mit blutiger Binde tragen, auf dem Kopf oder als Dekoobjekt.
- einen getragenen Slip auszulecken.
- einen getragenen Slip so zu tragen, dass die Nase direkt »an der Dupfmarke« liegt.
- Eine Krawatte zwischen die Schamlippen führen oder den ersten Lusttropfen damit auffangen und wieder umbinden.
- sich anspucken zu lassen.
- den Anus sauber lecken zu lassen. (Hier kann man als Variante auch eine Rektaluntersuchung verlangen)
- Muttermilch zu trinken oder zu spenden. (Kann man auch Abpumpen und zu Eis »verarbeiten«)
- einen Einlauf zu machen; rektal oder vaginal.

66. Fisting

Als Fisting bezeichnet man für gewöhnlich den »Faustverkehr«, eine Praktik bei der mehrere Finger oder die ganze Hand in die Vagina oder den Anus eingeführt werden.

Etwas, was brachial klingt und sich auch ein wenig so anfühlt. Man ist dem anderen wirklich ausgeliefert. Oder sich selbst. Denn es gibt tatsächlich Leute, die sich selbst fisten können.

Also … egal ob ihr als Aufgabe stellt, sich selbst zu fisten, sich genügend zu weiten, bis ihr den anderen fisten könnt oder ob ihr von dem anderen verlangt, euch so lange vorzubereiten, bis ihr gefistet werden könnt … hier ist Vertrauen wichtig und Hygiene das A und O. Aber auch das »Drumherum« und das sollte eine Menge Gleitmittel beinhalten und Handschuhe.

Denn bei dieser Praxis sollte das Infektions- und Verletzungsrisiko definitiv minimiert werden.

Achtung!
Benutzt Gleitmittel und Handschuhe!

67. moralische Schmerzgrenzen

Wo man selbst die moralische Schmerzgrenze ansiedelt, ist natürlich jedem selbst überlassen – und kann im Laufe einer Beziehung und eines Lebens variieren. Nur weil ich etwas bei einem Partner innerhalb der Grenze ansiedele, muss das beim nächsten Partner noch lange nicht so sein.

Wir kennen Leute, die mit Begeisterung Vergewaltigungsspiele praktizieren – und solche für die das ein absolutes No-Go ist.

Aber darum geht es hier:

- Vergewaltigungsspiel
- Babyspiele

- Nekrophilispiele
- Schlafentzug etc.

Wenn ihr also Aufgaben stellt, die unter diesen Punkt fallen, sichert euch doppelt und dreifach ab und fragt lieber einmal zuviel nach, als zu wenig. Man kann ja auch erst einmal klein anfangen und das Vergewaltigungsspiel zu Hause ausprobieren, bevor man mit dem Partner bespricht, ihn innerhalb von einer Woche irgendwann und ohne Vorwarnung im dunklen Park zu überfallen.

Auch dem anderen ohne Warnung KO-Tropfen zu servieren und sich bei einem Nekrophilispiel an ihm zu verlustieren, ist nicht in Ordnung. Aber die Einnahme von Tropfen (oder Alkohol o.ä) als Aufgabe zu machen oder sie selbst zu nehmen, kann Spaß machen. Wenn derjenige (oder ihr selbst) über genügend Selbstbeherrschung verfügt, kann man natürlich auch so tun als ob.

Babyspiele können unter bestimmten Umständen bestimmt auch Spaß machen – und genügend Zubehör für Erwachsene gibt es im Fachhandel – gerade wenn man auf Spiele mit Körperflüssigkeiten steht oder sich ausgibig mit Brüsten beschäftigen möchte. Aber man sollte den Partner auf alle Aufgaben rund um diese Spiele vorbereiten.

Selbiges gilt auf Gefängnisspiele und Schlafentzug etc.

Special

68. Spiel

Für das Spiel benötigt ihr ein wenig Zeit an Vorbereitung!

Ihr könnt auf einer, von euch gewählten, Anzahl an kleinen Zettel verschiedene Aufgaben aus diesem Buch aufschreiben und ungefähr auf die gleiche Größe falten. Nun kommen alle Zettel in eine schöne Kiste oder ein dekoratives Glasgefäß.

Wenn es nun gilt eine Strafe auszuwählen, kann die zu bestrafende Person einen Zettel ziehen und laut vorlesen. Wenn sie Glück hat, ist es gerade die Strafe, die sie sich erhofft hat. Wenn nicht – muss sie da durch.

Es sei denn, ihr habt auch Joker eingebaut oder die Möglichkeit des »Passens«. Je nach Absprache kann man pro Woche zwei Joker einbauen – bei täglicher Ziehung – oder die Option jede Aufgabe abzulehnen und »zu passen« gewähren. Dann wird neu gezogen. Hier empfehle ich höchstens zweimal hintereinander die Option zu gestatten, eine Strafe abzulehnen.

Tipp:
Für die Fauleren unter euch empfehlen wir unser Buch »365 Strafen hat das Jahr« … das könnt ihr entweder auf Zettel abschreiben lassen (auch eine schöne Aufgabe für Punkt 46) oder kopieren und dann zu zerschneiden.
Spielkarten aus dem Elysion-Books Verlag sind hier in Planung :-)

69. Feiertage

Natürlich kann man seine Aufgaben / Strafen frei gestalten, also wann immer man Zeit und Lust darauf hat.

Man kann sich auch unseren kommenden Fortsetzungsband zulegen und jeden Tag des Jahres mit einer wunderbaren Aufgabe versehen :-)

Dabei kann man dann sklavisch unseren Vorschlägen folgen, die Alternativen benutzen – oder man kopiert einfach jede Seite, schneidet sie die Aufgaben auf und faltet sie in gleich große Stücke. Dann packt man sie in ein schönes Glas oder eine Lostrommel o. ä. und zieht jeden Tag gemeinsam eine Aufgabe.

Wem das zuviel des Guten ist, aber dieses Buch irgendwie noch nicht reicht, der kann auch einen Mittelweg nehmen oder seinem Liebesleben nur an bestimmten Tagen einen Extra-Kick verleihen.

Egal, ob man hier also einen Adventkalender erstellen möchte mit 24 Aufgaben, ein vergnügliches Spielpaket für die Ostertage oder etwas besinnliches für Weihnachten. Schreibt euch eure Lieblingsaufgaben aus und packt sie wie oben beschrieben – in der richtigen Anzahl selbstverständlich – in ein schönes, geeignetes Gefäß.

Auch Geburtstage, Namenstage bieten sich an – oder vielleicht habt ihr eine Idee für einen Countdown zu einem besonderen Anlass wie zum Beispiel einen Jahres- oder Hochzeitstag.

Weiterführendes

Fachliteratur:

Matthias T. J. Grimme: »Das Bondage-Handbuch: Anleitung zum einvernehmlichen Fesseln«, 2011
Tom Schmitt, »Bondage – Ausstieg aus der Selbstkontrolle.« Ein Handbuch, 2010
Lilly Grünberg/Jennifer Schreiner: »Das Leid mit der Leidenschaft«, 2017
Lilly Grünberg: »Die Lust mit der Unterwerfung«„ 2018
Jennifer Schreiner: »Aphrodisiaka«, 2019
Jennifer Schreiner: »69 Lektionen der Leidenschaft«, 2020
Lilly An Parker: »Rollenspiele«, 2020
Arne Hoffmann: »Fessle mich«
John Norman: Die Chroniken von GOR«
(Bücher und Rollenspiele im Bereich der Phantastik: Es gibt eine maskulin dominierte Gegenerde auf der Frauen als Lustdienerin, Kajira, über Jahre ausgebildet werden.)
Woschofius: »Das Buch der Strafen«, 2015
Woschofius: »Das Buch der Strafen 2«, 2016

Belletristik:

Lilly Grünberg: Alles, besonders »Dein« ist hier hervorzuheben
Jennifer Schreiner: Die Reihen »Catch&Kiss« und die »Office-Escort«-Novellen. Besonders »(K)ein Rockstar zum Küssen« und »(K)ein Drummer zum Küssen«.
Sira Rabe: »Ich will es hart« und »Viola – das Tagebuch der Sklavin«
Lilly An Parker: »Office Escort: Das Sekretärinnenspiel« und jedes Buch der Novellenreihe aus dem »Office-Escort« oder der »Catch&Kiss«-Serie.
Katinka Uhlenbrock: »Porn Noir« und jedes Buch der Novellenreihe aus dem »Office-Escort« oder der »Catch&Kiss«-Serie.
Ananke: »Eine Nachtmär« (Eine harte Traumfantasie!), »Claire de Lune« (Achtung, sehr düster!) und »In die Unterwelt«
Jona Mondlicht: »Unverglüht«, »Aufgewühlt« und »Angefühlt«(poetische SM; nie wurde Deprivation schöner beschrieben)

Sophia Rudolph: »Blinde Leidenschaften«, »Eiskalte Leidenschaften«
Antje Ippensen: »Fesselndes Geheimnis«, »Labyrinth der Lust«, »NachSchlag«, »BitterSüß«
Inka Loreen Minden: Die meisten ihrer Geschichten haben einen SM-Hintergrund
Nina Hunter: »In Ketten«, »Vom Feind verführt«
Sandra Henke: »Mit starker Hand«, »Meister der Lust«, »Geheimnis meines Meisters« uvm.
Jeanine Krock: Obwohl meist mit fantastischem Hintergrund haben fast alle Bücher, bzw. die erotischen Szenen einen SM-Hintergrund
Tanya Carpenter: »Seduction-Verführung«
Louise Laurent: »Sklavin des Wolfes«, erotisch-fantastisches Petplay

Und wer es Weihnachtlich mag:

Die Novellen: »Merry X-Mas« und »Kein Escort zu Weihnachten« sind zu empfehlen
und die Bücher »24 Shades of Christmas« und »Alles Liebe zum Fest der Hiebe«

Zur Nachahmung empfohlen …

… um einen Hund zu verkörpern:

- Sendungen wie die des Hundeprofis Martin Rütter geben Herrchen oder Frauchen Anregungen zur Hundeerziehung, und dem angehenden Hündchen Gelegenheit zu beobachten, wie brave oder nicht brave Hunde sich verhalten
- Hundevideos auf Youtube

… eine Katze zu verkörpern:

- Michelle Pfeiffer in der Rolle der *Catwoman* (in *Batman Returns*)
- Die Katzen im Musical *Cats*
- Katzenvideos auf Youtube

… ein Pony zu verkörpern:

- A.N. Roquelaure (Anne Rice), *Dornröschen*
- Sira Rabe, *Erniedrige mich* (aus der Anthologie *Gezähmt*)
- Ponyplay-Videos auf Youtube

Preisgekrönte BDSM-Videos:

- Secretary (US-amerikanischer Spielfilm von 2002; mit Maggie Gyllenhaal und James Spader) In einer Mischung aus Liebesdrama und schwarzem Humor wird die dominant/submissive Beziehung zwischen einer Sekretärin und ihrem neuen Chef gezeigt. Der Film erhielt auf dem *Sundance Film Festival 2002* den *Spezialpreis* der Jury.
- After Fall, Winter (französische Produktion, 2011) Eine attraktive Kran-

kenschwester arbeitet heimlich als Domina. Auch der frisch in der Stadt angekommene Automechaniker Michael ist SM-Spielen nicht abgeneigt. Eine Art SM-Romeo-und-Julia-Story (mit traurigem Ende).

- Maîtresse (französischer Liebesfilm von 1976, mit Gérard Depardieu; Kostüme von Karl Lagerfeld; bei der Produktion wirkte eine reale Domina mit drei ihrer Bottoms mit.) Der Film schildert die sadomasochistische Liebesgeschichte zwischen einem Einbrecher und einer Domina.
- Preaching to the Perverted (deutscher Titel: The Fetish Club)(britische SM-Komödie von 1997). Der Film schildert die sadomasochistische Beziehung einer US-amerikanischen Domina mit einem als Spitzel in die Londoner BDSM-Szene eingeschleusten jungen Computerfachmanns. Der Film gewann den Preis *Best actress* des *Festival Du Jeune Comedien* 1999 und den *Audience Choice Award* des *CineKink Festival* 2003.

Preisgekrönte Sex-Videos von Frauen für Frauen (oder Paare):

Five hot stories for her, filmische Kurzgeschichten mit anspruchsvoller Erotik

Silver Shoes,Gewann den *Feminist Porn Award*

Dog World,ausgezeichnet mit dem *Eroticline Award 2008*

Bizarre Sex-Spiele in den Katakomben, nach einem atomaren Krieg.

Endzeit-Porno. Hart aber stilvoll. Jedoch nichts für schwache Nerven.

Female Fantasies, Sieger beim *Festival de Cine Erotico.* Um echte zwischenmenschliche Chemie darzustellen wurden die wilden Sex-Fantasien mit Darsteller/innen gefilmt, die auch im echten Leben Liebende sind, nicht mit professionellen Pornostars. Vom Voyeurismus bis zum Gruppensex ist alles auf den weiblichen Genuss ausgerichtet.

Pink Prison (Hinter Gittern gevögelt)

gekürt mit dem *Venus Award.* Aufgrund seiner Ästhetik und der Fokussierung auf Frauenphantasien gilt dieser Film international als einer der erfolgreichsten Pornofilme für Frauen. Für ein Interview mit dem Gefängnisdirektor bricht eine junge Reporterin in das Gefängnis Pink Prison ein und erlebt dabei unterschiedliche erotische Abenteuer. Eher hart als zart.

Lilly Grünberg, Jennifer Schreiner

Das Leid mit der Leidenschaft

Ein Ratgeber für Sadomasochisten oder solche, die es werden wollen … zum Einstieg, zur Fortbildung und um jedem BDSM-Interessierten einen Überblick über Regeln, Handwerkszeug und Sicherheitsvorkehrungen zu geben.

Softcover

ISBN: 978-3-96000-0600

Kompetent und humorvoll nehmen die Autorinnen Lilly Grünberg und Jennifer Schreiner den Leser an die Hand und geleiten ihn von den „Anfängen“ über „Was will ich überhaupt?“ bis hin zu der „Umsetzung seiner Fantasien in die Realität“, beseitigen Unsicherheiten und Vorurteile und beleuchten das ganze Spektrum des SM. Lehrreich und unterhaltsam erläutern sie den richtigen Umgang mit sadomasochistischen Spielzeugen, Ritualen und Strafen, damit die Lust am Schmerz auch gebührend genossen werden kann und die Unterwerfung genauso erregend ist, wie das Dominieren. „Das Leid mit der Leidenschaft“ ist ein Standardwerk, das (in 11 Kapitel) einen raschen Überblick gibt, aber auch (in 69 Unterpunkten Lektionen der Lust) detailiert alles beschreibt was zum SM gehört und bei allen Techniken und Tips von Bondage, Kontrolle, Petplay und Rollenspiele nie vergisst, dass es beim SM um Hingabe geht, um Liebe und um gegenseitiges Vertrauen.

ELYSION

www.elysion-books.com